JN093092

遠藤英樹 編著 ENDO Hideki

ツーリズム・リサーチメソッド入門

「観光」を考えるための道案内

Tourism Research Methods

法律文化社

はしがき――理論と実証の結びつき

かつて私は，須藤廣との共著で『観光社会学』（明石書店，2005年）という書籍を刊行したことがある。そこで須藤は，ある章で，大分県由布院という観光地を考察していた。由布院は「緑と静けさ」を大切にしながら地域を育み，観光まちづくりの成功事例となった場所である。

しかしながら須藤が，観光客や観光業者に対して行ったインタビュー調査からは，そうとは言い切れない姿が浮き上がっていた。

観光客からは，「由布岳が見えて，自然が美しいと思った。観光地化を過度にするべきではない」「どこも同じ。ケーキ，コーヒー…うるさい。作るべきではない」といった声が聞かれ，観光に過度に傾斜してしまうことに不満があがっていたのである。

地元出身の観光業者も，「県外の全国展開しているような商業的な土産屋企業が入ってきて，ここ４，５年で町が変わってしまった」「観光は水ものなので，観光にあまりたよらないように考えている。生き方として，型にはまるのは好きではない」という声が聞かれ，観光への傾斜に対して違和感が抱かれていた。

それに対し，地域の外部から最近やって来た比較的若い観光業者は，「観光協会との人間関係やコミュニケーションはない。地元の人との人間関係はほとんどない。観光客とのコミュニケーションが楽しい」「外から来た大きな店に土地を貸して相当の収入を得ながら，『観光地化』を嘆く地元民は矛盾している」と述べており，観光を批判している人たちに冷めた視線を向けていた。

こうして由布院は，「観光まちづくり」の活動に成功したことによって，まちの人々に大きな温度差が生まれ始め，当の「観光まちづくり」そのものが変容し始めているということが，実証的に浮き彫りにされていたのである。

ツーリズム・リサーチメソッドは，こうした具体的・実証的データをもって考察を展開するうえで大きな力を発揮する。それは，観光現象を捉える時になくてはならないものだといえよう。だが，そうした実証的データを，私たちは理論と結びつけて考えていかなくてはならない。

実証から浮き彫りになった由布院の姿を，たとえば「再帰性」という理論で捉えていくと，どうだろうか。「再帰性」とは，社会学の理論において，光が鏡にあたって自分自身に再び帰ってくるように，ある存在・行動・言葉・行為・意識がブーメランのように，それ自身のもとへ再びはね返ってきて，時にそれ自体の根拠を揺るがせてしまうことを言う。

由布院のインタビュー調査をきっかけに，こうした「再帰性」が由布院という場所でみてとれないだろうか。

由布院が目指した「緑と静けさ」の観光まちづくりに成功すると，多くの人々が観光にやって来るようになり，集客を目指して多くのショップが開店するようになる。そして，まち全体に温度差も生み出され，統一感がなくなり，「観光まちづくり」に亀裂が生じ始める。そうした結果として，「緑と静けさ」が失われていく。良かれと思って懸命に「観光まちづくり」に取り組み，成功を収めれば収めるほど，「観光まちづくり」の理念から離れてしまい，結果，当初の思いと異なるものへと変質していく。それは，まさに「再帰性」のもとで引き起こされた「意図せざる結果」であるといえよう。

ある特定の場所で行われた具体的・実証的なデータを，抽象的な理論へと繋げていくことができるならば，「再帰性」とも呼ぶべきものが観光では由布院だけではなく，様々な観光現象の中で見られることを捉えることができる。そして，そうした観光現象においても具体的・実証的なリサーチ・データを蓄積し，理論をより豊かにしていけるようになる。

こんな風に，リサーチにおける「実証的な思考」と，抽象的な「理論的な思考」を結びつけ結晶化させていくこと――それこそが観光研究にかぎらず，人文・社会科学が目指すべき一つの形なのである。否。学問分野だけではない。具体と抽象の往還（行ったり来たりすること）を何度も繰り返しながら，考え続けていくことは，私たちがこの世界を生きるうえで大切なことではないか。

ぜひとも本書を通じて，ツーリズム・リサーチメソッドの一端に触れていただき，それを通じて，「実証的な思考」と「理論的な思考」を結びつけ結晶化させていく力を育む一助としていただければ幸いである。

目　次

第Ⅱ部　量的リサーチとは何か

序　章
ツーリズム・リサーチメソッドとは

1　ツーリズム・リサーチメソッドとは

観光現象を考察するということは，観光現象に関わる人々の考え方·価値観·行動や，観光メディアのあり方を明らかにしていくことを意味する。

たとえば東京ディズニーリゾートについて考察しようとするならば，「千葉県浦安市のディズニーリゾートの場所は，かつてどのような場所だったか」「それが，いつ，どのようにして，なぜ現在の姿になったのか」「現在の東京ディズニーリゾートの観光客数はどうなっているのか」「東京ディズニーリゾートでゲストたちは，どのような思いを抱きながら，どんな風に遊んでいるのか」「ゲストたちは，どういう経路で園内をめぐる傾向があるのか」「ゲストを迎え入れるキャストたちは，どのような思いを抱きながら働いているのか」「オリエンタルランド社はどのような経営戦略を立案しているのか」「東京ディズニーリゾートはメディアなどでどのように表現されてきたのか」等々を明らかにしていかなくてはならないだろう。

そのためには，これまで練り上げられてきた先行研究の「理論」を知り，それをふまえて自分なりの「問い」をつくり，その「問い」に沿って，様々な方法で「データを収集」し，収集されたデータを「分析・考察」していくことが大切である。このようにツーリズム・リサーチメソッドとは，観光現象に関わるデータを収集し，分析・考察し，その結果を表現するための方法を言う。

このツーリズム·リサーチメソッドは，「質的なリサーチ」「量的なリサーチ」「観光メディアのリサーチ」の３つに大別される。

まず「質的なリサーチ」とは，数字があまり出てこない質的データ（定性的データ）を用いるものを言う。たとえば会話，手紙，日記，自伝，映像などがデー

コラム1　社会調査データベース

いくつかの研究機関では，二次分析を行うために社会調査データベースが構築されている。たとえば，ICPSR（Inter-university Consortium for Political and Social Research）がある（https://jna-icpsr.jp/icpsr/index.html）。ICPSRは，ミシガン大学社会調査研究所により1962年に設けられ，社会科学に関する調査データを収集，保存し，学術目的で二次分析を行えるように，それらデータを提供するデータアーカイブとなっている。

日本でも，札幌学院大学が中心となって，「社会・意識調査データベース（Social and Opinion Research Database）」という調査データベースが構築されている。その他にも，東京大学社会科学研究所附属社会調査・データアーカイブ研究センターで，「SSJ データアーカイブ（Social Science Japan Data Archive）」として質問紙調査のデータが1998年4月から収集されている。

タとなるものである。これには，データを収集する方法として「インタビュー調査」「参与観察法」「オート・エスノグラフィー」「生活史法」「アクションリサーチ」があり，データを分析する方法として「KJ 法」などがある。

次に「量的なリサーチ」とは，数値データすなわち量的データ（定量的データ）が比較的多く用いるものを言う。たとえば，質問紙調査における調査票の回答を統計的に分析するといったものが，その代表であろう。また自分が調査を行ったものではないが，別の人々によって実施されたこういったデータを用いて，統計的に分析する「二次分析」などもこれに相当する。

そして「観光メディアのリサーチ」には，「メディアの理論的な視点から行われる分析」「ガイドブックや SNS を調査する内容方法」「旅日記や名所案内記を調査する方法」がある。

2　本書の構成

本書第Ⅰ部では，このうちで質的リサーチのいくつかの方法が扱われている。

「第1章 インタビュー法――観光の「多様な声」を聴く」(山本理佳)では，インタビュー法に関して述べられる。インタビュー法とは，インタビュアーが対面，電話，Zoomなどで，言葉を交わしながらデータを収集する調査法のことで，「構造化インタビュー」「非構造化インタビュー」「半構造化インタビュー」等の種類がある。

「第2章 参与観察法――「参与」「観察」「記述」の方法論」(渡部瑞希)においては，ネパールの観光市場に関する研究が具体例に挙げられながら，参与調査法が扱われている。これは，調査者自身が調査対象となっている地域・集団・組織の現場に比較的長い間身をおき，そのメンバーとなって生活をともにしながら，調査対象を観察する方法である。

「第3章 オート・エスノグラフィー――自分を振り返る再帰的な調査」(遠藤英樹)では，オート・エスノグラフィーが俎上に載せられる。これは，「自分の過去の経験を書き記す」調査法のことで，自分が調査者として，調査対象者である自分自身をふりかえりながら，たとえば着物体験ツアーの経験や，その時に生じた感情を書いていく調査法である。

「第4章 生活史法――語りとモノから観光を照らし出す」(小野真由美)では，生活史法が概観される。これは，ライフヒストリー法とも呼ばれ，ある個人の旅行記，絵葉書，土産物，写真等を分析することで，当時の社会において観光がどのようなあり方を示していたのかを明らかにできる調査法である。

「第5章 アクションリサーチ――社会的現実に介入する」(遠藤英樹)では，アクションリサーチが扱われている。これは，調査対象者が抱える様々な問題(たとえば観光まちづくりの諸問題)を，調査する側と調査される側で一緒に解決しようとして，行動(アクション)を起こしていくプロセスにおいてデータが積み上がり，それをもとに考察を行う調査法である。

「第6章 KJ法――野外科学からの発想法」(神田孝治)では，文化人類学者である川喜田二郎が考案したKJ法が解説される。川喜田は，文化人類学のフィールドワークを行った後で，集まった膨大な情報(データ)をいかに整理し，分析するか考え，試行錯誤のすえ，カードを使ってまとめていく方法を考案したのである。

第Ⅱ部では，量的リサーチが概説される。

「第７章　質問紙調査法のプロセスと方法」（遠藤英樹）では，質問紙調査のプロセスが論じられる。質問紙調査は，調査企画段階，調査設計段階，実査段階，調査票のデータ化段階，データ分析，公表段階のプロセスを辿って行われる。また，質問紙調査の実施方法として，横断的調査，比較調査，パネル調査，繰り返し調査なども概説されている。

「第８章　調査票のつくりかた」（遠藤英樹）では，質問紙調査のワーディングや選択肢（単一選択形式，複数選択形式，評定尺度形式，自由〔記述〕回答形式）作成のコツ，さらには尺度の種類（名義尺度，順序尺度，間隔尺度，比例尺度）や，尺度の信頼性や妥当性について説明されている。

「第９章　サンプリング＆エディティング」（遠藤英樹）では，「母集団」と「サンプル（標本）」，ランダムサンプリングの方法，標本誤差が扱われている。

「第10章　データの統計的分析（１）――単純集計と基礎統計（代表値と散らばり）」（遠藤英樹）では，統計の基礎が論じられる。統計とは「人や物のあつまりの特徴や性質を数量的に測って表現した値」であるが，ここでは統計的な数値情報をグラフで表現する際に気をつける点とともに，単純集計，基礎統計（代表値と散らばり）を用いた分析の具体例が分かりやすく述べられている。

「第11章　データの統計的分析（２）――クロス集計とカイ二乗検定」（遠藤英樹）では，クロス集計とカイ二乗検定という統計手法が描写される。クロス集計表とは，縦軸（column）と横軸（row）を交差させてつくる表のことを言うが，これによって２つのデータ間の関係性を探ることができる。

「第12章　データの統計的分析（３）――相関係数，多変量解析の概説」（遠藤英樹）では，相関係数や，それをもとにした多変量解析が簡潔に説明されている。２つのデータがどれくらいの関係性で結ばれているのか，これを取り扱うのが「相関係数」である。すなわち「相関係数」とは，データ間に存在する関係の強さの程度を数値で表しているのである。この「相関係数」をもとに，回帰分析，因子分析，共分散構造分析などの多様な多変量解析といった統計手法が考案されている。

「第13章　GIS ――地理情報システムを用いたリサーチメソッド」（前田一馬）

では，GIS（地理情報システム）と組み合わせた量的な分析について分かりやすく論じられている。

第Ⅲ部は，観光メディアのリサーチメソッドをテーマとする。

「第14章　観光メディアを分析するための理論的な視点」（遠藤英樹）では，ガイドブック，SNS，広告，アニメ，音楽など観光に関わるメディアを考察する理論的な視点が解説され，具体例として，女子旅を扱った記号論的な分析が示されている。

「第15章　観光メディアの内容分析——観光ガイドブックやSNSに関する量的リサーチ」（遠藤英樹）では，観光ガイドブックやSNSを分析する際に有効な内容分析やテキストマイニング分析について述べられている。

「第16章　名所案内記や旅日記のリサーチメソッド」（谷崎友紀）では，歴史資料の読解によるリサーチメソッドが示される。近世においては旅のメディアとして，名所案内記や旅日記などが書かれてきた。こうしたものを分析することで，観光史を浮き彫りにすることが可能となる。

これら第Ⅰ部から第Ⅲ部にあわせて，「補章　分析ソフトを使いこなす」が添付されている。SPSSという統計分析のソフトや，ArcGISというGISソフト，KH Coderという内容分析やテキストマイニング分析のためのソフトなど，これらソフトの操作マニュアルを通して，自分でデータ分析が行うことができるような手引きとした。

＊　＊　＊　＊　＊

以上のツーリズム・リサーチメソッドの適切な知識や，調査の具体的なまとめ方を学ぶことは，観光学を学ぶ大学生（さらには大学院生）・短大生にとって必要不可欠である。そこで，ツーリズム・リサーチメソッドを分かりやすく，楽しく，かつ具体的に深く学ぶためのテキストを作成しようと考えたのである。ぜひとも大学生（さらには大学院生）・短大生をはじめ，読者の皆さんには，本書を通じてツーリズム・リサーチメソッドを学んでもらい，観光研究の扉を新たな時代へと開いていってもらいたいと願っている。

ブックレビュー

まず学問としての方法論については，小熊英二『基礎からわかる論文の書き方』（講談社現代新書，2022年）や，トーマス・S・マラニー＆クリストファー・レア『リサーチのはじめかた――「きみの問い」を見つけ，育て，伝える方法』（筑摩書房，2023年）あたりから読んでみよう。

次に，質的なもの，量的なものをあわせた，リサーチメソッド全般に関するテキストとしては，三井さよ・三谷はるよ・西川知亨・工藤保則編『はじめての社会調査』（世界思想社，2023年），そして梶田真・仁平尊明・加藤政洋編『地域調査ことはじめ――あるく・みる・かく』（ナカニシヤ出版，2007年）が分かりやすい。

また，どちらかといえば質的な調査法に重きをおいたテキストには，工藤保則・寺岡伸悟・宮垣元編『質的調査の方法――都市・文化・メディアの感じ方［第3版］』（法律文化社，2022年），佐藤郁哉『フィールドワーク――書を持って街へ出よう［増訂版］』（新曜社，2006年），藤田結子・北村文編『現代エスノグラフィー――新しいフィールドワークの理論と実践』（有斐閣，2013年），好井裕明『「あたりまえ」を疑う社会学――質的調査のセンス』（光文社，2006年），岸政彦・石岡丈昇・丸山里美『質的社会調査の方法――他者の合理性の理解社会学』（有斐閣，2016年）等がある。

それに対して，どちらかといえば量的な調査法に重きをおいたテキストとしては，轟亮・杉野勇・平沢和司編『入門・社会調査法――2ステップで基礎から学ぶ［第4版］』（法律文化社，2021年），大谷信介・木下栄二・後藤範章・小松洋編著『最新・社会調査へのアプローチ――論理と方法』（ミネルヴァ書房，2023年），盛山和夫『社会調査法入門』（有斐閣，2004年）等が良いかもしれない。谷岡一郎『「社会調査」のウソ――リサーチ・リテラシーのすすめ』（文春新書，2000年）も，量的な調査法のテキストをいくつか読んだ後の復習用として読むと分かりやすい。

最後に，リサーチメソッドそれ自体の成立について論じた本には，佐藤健二『社会調査史のリテラシー――方法を読む社会学的想像力』（新曜社，2011年）がある。これは，かなり専門的な書籍となるが，質的／量的という区分そのものを再考するうえでも非常に面白いものである。

（遠藤英樹）

第Ⅰ部

質的リサーチとは何か

第１章
インタビュー法
――観光の「多様な声」を聴く――

…工場に働く人の家に何回も尋ね，…話を聞いた。…わたくしが聞きとりという方法にはまったのは，まさにこの時の経験からであった。本当に面白かったのである。本に書いていない事柄がぞくぞくわかってくる。…統計だけではわからないことも，少しずつ明らかになってくる。

（小池和男『聞きとりの作法』東洋経済新報社，2007年：97）

インタビューは，調査者の目的に応じ，調査対象者との間で質問と回答という相互行為を行いながら進められるものである。いわば，関係する人々の話を聞く，というきわめてシンプルな行為を基本としている。ただし，このシンプルな調査法で得られるのは，幅広くて深い，そして奇妙でも説得的でもある，きわめて「面白い」＝興味深い情報である。この小池氏のように，多くの人にとって未知の事項を，自らの手で多彩に引き出していくことは非常にエキサイティングで面白くもある。観光現象は様々な「動き」を伴うことから，多様な主体が関わりつつ，頻繁に変化が生じている。当事者それぞれに丹念に話を聞いていくことで，ようやく捉えられる事項が多く存在している現象である。ここではこの，観光現象に切り込むのに有効かつ基礎的な方法でもある，インタビュー法について見ていこう。

1　インタビューの概要

インタビュー調査は，シンプルであるがゆえに，その目的や分析の手法・枠組みには大きな幅があり，その分類区分も複数ある。ここで，そのいくつかを表１-１に例示した。まず，調査者から発せられる質問の内容や構成がどの程度厳格に設定され，また遂行されるかによって，構造化／半構造化／非構造化

表1-1　インタビューの種類

<table>
<tr><th></th><th>内容・構成
による区分</th><th>実施手続・形式
による区分</th><th>認識枠組み
による区分</th></tr>
<tr><td rowspan="6">分類</td><td rowspan="2">構造化
インタビュー</td><td rowspan="3">フォーマル・
インタビュー</td><td rowspan="3">スタンダード・
インタビュー
（実証主義）</td></tr>
<tr></tr>
<tr><td rowspan="2">半構造化
インタビュー</td></tr>
<tr><td rowspan="3">インフォーマル・
インタビュー</td><td rowspan="3">アクティブ・
インタビュー
（解釈主義）</td></tr>
<tr><td rowspan="2">非構造化
インタビュー</td></tr>
<tr></tr>
</table>

出所：筆者作成。

インタビューと区分される。構造化インタビューでは，あらかじめ質問項目が用意され，一定数の調査対象者に対して同じ内容・同じ順序で行われることが目指される。これに対し非構造化インタビューでは，その場の状況や調査対象者の回答に基づき，調査者の関心に沿って柔軟に質問が発せられる。場合によっては調査者と調査対象者との間での質問者／回答者の役割が入れ替わることもあり，より自然な会話の中で回答が収集されるものである。参与観察における短い会話によって得られるものから，対象者のライフヒストリー（第4章参照）などきわめて長大で深遠なものまでを含む。そして，この構造化／非構造化インタビューとの間をとるのが半構造化インタビューである。質問項目や順序はおおよそ決められてはいるものの，その展開に合わせて新たな質問の追加や質問順序の変更もある程度想定されている。

なお，社会調査には定量／定性調査（分析）という大きく2つの分類があるが，構造化インタビューはその対象数などによっては回答結果の定量的（量的）分析も可能といえよう。あるいは定量的調査の代表的方法でもある質問紙調査（第7章参照）の下位技法（回答をどのように集めるかという方法）の1つとしても位置づけられうる。その一方で，非構造化インタビューは定性的（質的）な調査・分析の代表的方法とされている。このようにインタビューは，目的に応じた幅の広いあり方を特徴とするものである。

一方，「インタビュー」という状況を特別に設けて行うか，それとも普段の会話のやり取りに近い形で行うか，といった実施の手続きや形式の違いによって，フォーマル／インフォーマルと区分することもある。構造化の度合と関連する分類として構造化インタビューをフォーマル，非構造化をインフォーマルと捉える場合もあるが，非構造化インタビューでもそれが長時間に及ぶ内容となる場合，各対象者の時間を事前に確保したうえで，たとえば1対1形式のヒアリングが実施されうる。それらはフォーマルなものとしても考えられる。ここでは，そうしたインタビューの手続きや実施形式に基づく違いを，フォーマル／インフォーマルとし，構造化の度合いとは分けて提示した。

さらに近年では，インタビューの認識枠組みによる区分——スタンダード・インタビューとアクティブ・インタビュー——もなされる。これは実証主義と構築主義（解釈主義）という考え方の違いとも対応する。前者（スタンダード）は，調査者（質問者）が調査対象者（回答者）から，真実の情報を歪みなく引き出せると考えるもので，調査者は不可視で中立的な存在，調査対象者は回答を引き出されるのみの受動的な存在とされる。これに対し，後者（アクティブ）はインタビューを双方の相互行為として捉え，お互いの存在認識や会話の流れによってその場で回答内容が生成されていくものとして扱う。こうしたインタビュー現場での調査者・調査対象者の役割や影響についての理解を深めておくことは，実際のインタビューでの効果的な情報収集を検討できる意味でも重要である。

2　目的に応じたインタビュー設計

次に観光という現象を対象とすることを念頭に置いたインタビュー設計について見ていこう。例として，地域での観光化の経緯や現在の取り組み，実態を捉えることを想定する。このような，いまだ詳細が不明なことに対する情報収集では，より緩やかでシンプルな質問項目を用意しつつ，基本は対象者に多く語ってもらう半／非構造化インタビューが適している。また，当事者（対象とする事象に関わりの深い人）でないと有益な情報は得られないため，そうした事象との関わりの深さや当事者に近い位置にいる人たちを探し出す必要がある。

表1-2　観光現象におけるホスト・ゲストの具体的主体

ホスト		ゲスト	
公的組織	行政（まちづくり，観光関連）・教育委員会 観光協会・観光ガイド組織など	短期滞在	観光者 出張者
地域組織	商工会議所，農漁業組合，商店組合・宿泊業関連組合 青年会議所，婦人会 （祭・イベント）実行委員会 保存会，郷土史会，まちづくり団体など	中長期滞在	研修・合宿参加者 製作・創作活動者 セカンドハウス・オーナー
民間	民間企業（旅行，宿泊，交通，不動産，金融）	定期的訪問	イベント参加者 ボランティア参加者 田畑オーナー
その他	地域おこし協力隊・移住者個人など		

出所：筆者作成。

鍵となる情報提供者（インフォーマント）を見つけられれば，当該人物にさらに関わりある人を紹介してもらい，インタビュー対象者を得ていく，雪だるま式（スノーボール）サンプリングがより効率的である。

近年では多くの地域が観光振興に取り組み，観光資源も様々につくり出されていることから，前述したように，きわめて幅広く多様な主体が関わっている。観光現象に関わる主体を大きくホスト（観光地）とゲスト（観光客）に分けて，筆者の経験をもとに具体的な例を示したのが表1-2である。ホスト側でいくと，行政や観光協会，また商業・飲食サービス業に関わる地域組織のほか，近年では金融業主導の異業種間関係の構築による観光振興や農漁業組合組織が主導するグリーンツーリズムなど，様々な産業分野からの参入がある。また，地域おこし協力隊やU・Iターンをはじめとした移住者による広報・ガイド・宿泊事業経営など，若年層個人の活躍も影響力が大きい場合も多く見られる。またゲスト側でも1～2日間滞在の一般の観光・出張者もあれば，1～2週間の企業の研修・合宿参加者，数ヵ月間の製作・創作活動といった中長期滞在者や田畑／セカンドハウスのオーナーのような定期的な訪問者もいて，彼らの中には様々な地域イベント・活動に参加する者も一定数いる。一概にホスト―ゲストで明確に区分できない存在も増え始めているのである。

このように人々の移動が頻繁・常態化する現在，各地の観光的現象はきわめ

表1－3　インタビュー項目の例

分　類		項　目
①属性に関する質問	組織	創設時期，活動分野，所在地・活動場所など
	個人	生年，性別，職業，居住地など
②目的に関する質問	事実	取組の契機，取組内容，他主体との連携など
	認識	現状認識，問題把握，今後の方向性など

出所：筆者作成。

て多様化している。とりわけ，こうした未知の状況に踏み込んでいく調査の初期段階では，広がりある関係主体を念頭においた柔軟な姿勢・視点を持っておくことが重要ともいえる。ただし，ある程度聞取り・インタビュー調査を進めて，具体的状況が把握できた段階で，特定の取り組みに関係する主体に対し，共通の質問項目に基づいた構造化／半構造化インタビューを設計することも多い。この場合，目的に応じた特定層，あるいは偏りを少なくした代表性を重視するサンプリングを行うこともある。

具体的なインタビュー項目について示したのが表1－3である。大まかに①調査対象者の属性に関することと，②研究目的に関することに大別され，さらに①は組織／個人の場合，②は事実／認識に関すること，などに分類しうる。それぞれに関して必要な事項をしっかりと検討し，さらに具体的な問いかけ文をシミュレートしておくといいだろう。特に抽象的な質問では，主体によっては思ったような回答が得られないことが多い。たとえば，「観光化はいつから始まったのでしょうか」と質問した場合，行政であれば回答してくれる可能性があるが，他の地域組織や店舗，個人だと戸惑いも見られるであろう。この場合，個別具体的な取り組みの開始時期をそれぞれ訊ねるなどしながら，自身が目的とする回答を引き出す必要がある。

3　インタビューの実施

ここでは，インタビューの時間・場所を明確に設定したうえで行うフォーマルなものを想定し，その具体的実施の手順について示す。ただその前に，インフォーマルな場面でのインタビュー（聞取り調査）についても例示しつつ紹介しておきたい。特に観光事象を想定した場合，現地視察における住民・観光客への声かけや質問による聞取り，なんらかのイベント・活動に運営スタッフとして参画しつつ行う参与観察や関係者への聞取り，そして宿泊，飲食，買物，ガイドツアー参加など，通常の観光行動時のガイドスタッフや店舗・施設スタッフへの聞取りなどがある。いずれも予備調査的に捉え，研究分析に重要かつ必要な証言と判断しうる場合には，改めて本調査でのインタビューを行うべきであるが，様々な機会に興味深い点や疑問に思った点を確認・探究する心づもりを持っておくことは大切である。筆者もこうしたインフォーマルな状況で知り得た情報に，分析のヒントを与えられたことも多々ある。ただ，積極的な姿勢は重要であるが，無理強いにならないよう，相手の行動や様子を確認して，最低限の気遣い・気配りを行う必要はある。

フォーマルなインタビュー調査においては，事前準備→調査依頼→インタビュー実施→礼状送付，という流れで行う。それぞれの段階での留意点を以下にまとめた。

・事前準備（情報収集など）

研究目的に沿った先行研究，対象とする事象の理解を進めることとともに，具体的対象者の関連情報（新聞・雑誌・書籍，Webサイト等）についてもできる限り収集しておくとよい。インタビューでは対象者の様々な材料を備えておくことで，質問しやすく，かつ回答も導きやすくすることができる。実りある調査は，十全な事前準備によるところが大きいことを，心得ておきたい。

・調査依頼

対象者に対し，調査に関する依頼内容【①調査者の属性・氏名，②研究目的と方法，③インタビュー内容，④インタビュー日時候補（希望）】を，なんらかの通信手段（封書・ハガキ，電話，Eメール，相手によってはSNS等）で伝える。連絡は，webサイトなどで公にしてある情報を用いて行うのがよい。別の対象者からの紹介である場合などは，そのことも申し添える。インタビューを受諾してもらえたならば，実施日時の交渉をする。

・インタビューの実施

インタビューは，おおよそ1度に1時間～2時間程度までで設定しておきたい。調査者も対象者もあまりに長時間になると集中力が続かない。記録はメモを取りつつ行うのが基本であるが，すべてを記録しながら回答を理解し，次の質問を繰り出すというのはなかなかたいへんである。ICレコーダーなどの録音機器も相手の許可を得たうえであれば，使用して構わないだろう。そのほか，最低限の礼節・マナー（言葉遣い・態度・服装・時間厳守など）は心得ておきたい。インタビューで知りえた関係者で重要と判断できる場合には，紹介してもらうことも念頭に置いておく。

・礼状送付

インタビュー終了後には，時間を割いて調査に協力してくれたことに対し，御礼の意をなんらかの形で（Eメールやハガキ・封書，相手によってはSNS等）表しておくとよい。筆者の場合，謝意を示す文章とともに，お話の中で興味深かった点を明記することにしている。調査研究を進める中で，再度確認・質問したい点が出てくることはよくある。安易な対応要求は控えるべきであるが，そうした機会があり得ることを見据えて，謝意をしっかりと伝えておくことは重要である。

4　インタビュー結果のまとめと分析

⑴結果をまとめる

インタビュー結果は，全体的な整理と対象者ごとの記録管理を適切に行い，様々な角度からも分析が可能なようにしておくとよい。そのためのまとめ方の一例として，筆者はMicrosoft ExcelおよびWordファイルでデータ管理と分析を行う。Excelでは属性情報から対象一覧を作成し，Wordでは対象者1件につき1ファイルの個票として，インタビュー内容を記録する（図1-1）。インタビュー内容は多岐にわたるため，まずはこの個票に聞きとったすべてを記

ID	略称	氏名	居住地	出身地	生年（聞取時年齢）	職業（当時）	地域組織関係者	個別記録へのリンク
1	A		八幡東区		1914	S企業OB（重役）	国際技術協力開発団（KITA）理事長	2002北九州_01.docx
2	B		八幡西区	旧門司市	1919	S企業OB	新日鉄八幡製鉄所製鋼OB会副理事長	2002北九州_02.docx
3	C		八幡東区	北九州市	1934	市長		2002北九州_03.docx
4	D		小倉	福岡県中央大学卒業旧小倉市役所→北九州市役所	1934	北九州市企画課長→助役		2002北九州_04.docx
5	E		福岡県			教育委員会文化課長（→部長）		2002北九州_05.docx
6	F		八幡東区		1951	市議会議員		2002北九州_06.docx
7	G		八幡東区	八幡東区九州大学卒業東京で商社勤務その後帰郷して家業を継ぐ	1943	ホテル経営	CASSK実行委員長	2002北九州_07.docx
8	H		八幡東区			八幡東区長	八幡21世紀の会会長（1994～）	2002北九州_08.docx
9	J		八幡東区	八幡東区明治学園高校卒業	1952	放送ナレーター・美術館ボランティア		2002北九州_09.docx
10	K		八幡東区		1943	酒屋経営		2002北九州_10.docx
11	L		北九州市		1951	会社経営（S企業に納品）	青年会議所専務	2002北九州_11.docx
12	M		八幡西区	福岡大学商学部卒業	1954	印刷会社経営	青年経営者会議副会長（1991）	2002北九州_12.docx
13	N		北九州市		1913	S企業OB（重役・技術系）	国際技術協力開発団（KITA）副理事長	2002北九州_13.docx
14	O		東京都	朝鮮半島出身・八幡中央高卒・東京都在住	1937	作家		2002北九州_14.docx
15	P		遠賀郡(福岡県)	遠賀郡（福岡県）	(34)	彫刻家	国際鉄鋼シンポジウムYAHATA87の仕掛け人	2002北九州_15.docx
16	Q		八幡東区			西日本新聞社北九州支局編集長		2002北九州_16.docx
17	R		北九州市			西日本新聞社記者		2002北九州_17.docx
18	S		北九州市			西日本新聞社北九州支局記者		2002北九州_18.docx

図1－1　対象者の属性一覧（上）と対象者ごとの個票（左）
出所：筆者作成。

録しておくとよい。鍵となるテーマが出てきたら，改めてExcelの別シートに該当部分のインタビューデータを抜き出しながら，分析を重ねていく。なお，Excelのリンク機能で各対象者のファイルに直接アクセスできるようにしておくと便利である。

⑵結果を分析する

ここでは特に，ホスト側のインタビュー結果からの具体的な分析例について，２点挙げておこう。

①各主体間の関係構築パターン

まず，インタビューから判明していくホスト社会で観光に携わる各主体間の関係性を描出してみよう。上述してきたように，現代の観光はきわめて多様な人々が関わっており，何が端緒となり，またその後どんな主体が中心（核）と

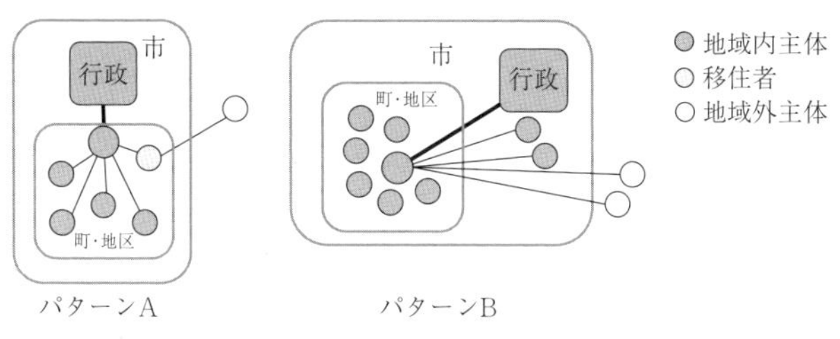

図1-2　各主体間の関係図（モデル図）

出所：筆者作成。

なるのか，またそこからさらにどのように関係が構築されていくのかも，地域によって大きく異なる。筆者が調査した地域の一例をモデル的に（簡略化して）示したのが図1-2である。Aのパターンのように，中心となる町・地区において，キーパーソンが中心となって町・地区内の関係性を構築しつつ，行政等とのパイプで様々な取り組みを推進するといったパターンがある一方，町・地区といった地元の繋がりではなく，より大きな市行政・商工業界あるいは市外とのネットワークを活用したBのパターンもあった。たとえばパターンBの背景に何があるのか，インタビューデータの詳細を紐解いてみたところ，地元内での様々な軋轢を意図的に回避したことや，あるイベントで構築された地元外の主体との関係性が活用されたことが捉えられた。こうした地域の特異事情は，様々な関係者（時に強く関係していない一般住民も含めて）に丹念に話を聞いていくことで，ようやく明らかになる点である。

②各主体の多様な立場・認識

次に，インタビュー内容を丹念に紐解き，各主体の多様な立場や認識についての分析を示す。まず，韓準祐「由布院の事例分析を通した観光まちづくり研究の再考察の試み」（『観光学評論』4（2），pp.91-106，2016年）での由布院を事例とする研究の一部を参照したい。ここでは，農業活動がもたらす風景・食などが当該地域の重要な観光資源であるとする両者の共存性を，観光業関係者と農業関係者双方へのインタビューから再検討している。その結果，観光業関係者からは「運命共同体」「農業＝観光」といった一体化した認識が表明される

表1－4　古民家活用に関わる移住者の詳細

	A	B	C	D
移住時期	2007	2011	2012	2014
移住経緯と事業概要	(Iターン）外資系企業勤務→移住してツアー事業会社を設立。宿泊事業なども行政委託で行う。大手メディアにも多く取り上げられ，様々な政府・行政の委員も務める。	(Iターン）循環型まちづくり会社（本社：東京）の社員として移住→地元資源を活用した商品開発・交流拠点の運用会社（本社・行政等が共同出資）を2017年に起業。	(Iターン）建築会社勤務→地元ゼネコンの古民家宿泊事業を担当するために移住。その後2018年に独立して同事業を経営。	(Uターン）外資系金融機関勤務→移住して地元の同級生とツアー・宿泊・シェアオフィス事業などを経営。近隣市も含め，複数の古民家宿泊・シェアオフィスを管理。
行政等に求めること	ハード整備はコストがかかるため，そこに対する補助。	事業展開において重要なのは地域社会とのパイプ役となってくれる人材の必要性。	交流人口の底上げが図れるようなインフラ（広報・交通含めて）の整備。	無駄な補助金をなくす。補助金が拠出された事業の事後評価。

出所：筆者作成。

ものの，農業関係者からは一体化の理想は保持しつつも，現状では非対称な関係性や利益還元の不十分さという問題があるとの認識を持っていることが捉えられていた。こうした認識の齟齬や多様性は，当事者内での立場の違いによっても，あるいは当事者とそれ以外（一般の地域住民など）との間でも，強く見られるものである。職業や居住地域など属性別に，インタビュー内容をしっかりと捉え，分析していくことが重要である。

さらに，同じような属性でも個別の状況によって多様となる点も示しておこう。図1－2のパターンAでも捉えられるように，近年では若中年層の移住者や彼らを通じた他地域との結びつきが，観光化の重要な側面を担うことも多くなっている。表1－4はその一例として，ある地域で観光化の中心的担い手となっている古民家活用に関わる4移住者の経歴と行政等に求めることについての意見をまとめたものである。当該地域出身者か否か（表ではI／Uターンで表記）や移住経緯も多様であり，そのことが事業戦略や行政に求めることの違いにも影響していることが分かる。すなわち，A，Bは出身者ではなく経営・所属会社も地元と関係がなく，メディアや行政支援を活用しながら進めてきた。金銭面か人材面かで異なるものの，行政等に対し，事業への直接的支援を求めていることが分かる。これに対しＣは出身者ではないものの地元企業の一社員として，地元とうまく折り合いをつけて宿泊事業を展開してきた経験を有する。行政等に対しては直接的支援ではなく地域全体の底上げになる，インフラ整備などを望んでいた。Ｄは出身者であり，対象とする古民家の獲得等で地域内の関係性を活用していた。前職（金融機関）の関係もあり，独立して採算がとれる事業経営を行うべきで，行政補助等はなくすべきとの意見を持っていた。このように，丹念なインタビューの回答結果から得られるのは，「移住者」といってもその経歴やそれらに基づく考え方・活動はきわめて複雑で幅のあるものであり，現場には多様な「声」が存在している，ということである。

ブックレビュー

本章でも言及したように，インタビュー（聞取り）はその目的も方法も幅広い。そのため，その相対的位置づけができる書籍をまずは一読することをお薦めする。人の語りという定性的データは，研究実証にふさわしい「科学的」データであるのか，という問いに常に晒される。そうした問いに答えつつ，研究目的に最も適した方法であることを導き出す見取り図を提供してくれるのが，よく知られた**佐藤郁哉『フィールドワーク——書を持って街へ出よう［増訂版］』（新曜社，2006年）**である。フィールドワークの全体的概要と意義が示されており，ゆえに定性的研究に視点の重きはあるものの，定量的研究・視点からの言及もなされるため，相対化して考えるのに適している。同じ著者の**『フィールドワークの技法——問いを育てる，仮説をきたえる』（新曜社，2002年）**の第５章には，聞取り調査のより具体的な手法や事例分析についてまとめてあるので，併せて読むとよい。

梶田真・仁平尊明・加藤政洋編『地域調査ことはじめ——あるく・みる・かく』（ナカニシヤ出版，2007年）は，人文地理学研究者の調査経験を踏まえた多様な研究実例が示された書籍であり，様々な場面で用いられるインタビューの実際も窺えるものである。まさに本章で示したインタビューの幅広さとその必要性が実感できる。全般にわたり，質問紙調査のような定量データや統計データをメインとする研究での予備・補足調査でのインタビューの有効性も示されるし，ライフヒストリーやインフォーマルな聞取り調査で得られる質的データの具体的分析手法も示され，たいへん参考になる。

小池和男『聞きとりの作法』（東洋経済新報社，2007年）は，本章扉頁で引用した書籍であり，著者が「本当に面白い」とはまって極めた，企業での聞取り調査の具体的手引書である。労働経済学分野の企業調査ではあるものの，観光分野でのインタビュー（聞取り）でたいへん参考になるのが，対象者の多忙さを念頭に置いている点である。インタビューや参与観察など定性的調査の指南書では，調査者の時間と労力を相当に割いた研究が理想化されて示される。ただし，インタビューは調査対象者との共同作業となるため，そこには同じだけの対象者の協力が想定される。現代の観光現場においては，きわめて多忙な人々が多い。いかに相手のことを考え，効率よく調査していくかは，特に学生諸氏にとってもきわめて重要である。そうした「作法」も学んでもらいたい。

（山本理佳）

第2章
参与観察法
――「参与」「観察」「記述」の方法論――

参与観察は，海外での長期フィールドワークを基本とする文化人類学の基本的な調査法である。言葉も通じない，文化も共有しない他者に対して，調査者は，「見切り発車」のようにとにかく現場に赴き，言葉が通じない中でも可能な「参与」と「観察」から，なんとかして情報を収集しようとする。そのため参与観察者は，あらかじめ解決したい問題や課題を強固にもっている必要はない。むしろ，問いや疑問は現場に転がっており，それを発見してくることが参与観察の醍醐味である。

現場に「参与」しながら「観察」するというこの調査方法は，異国だけでなく観光の場でも有効な調査方法である。なぜなら，観光の場の多くは異国と同様，見知らぬ他者が一度きりの出会いを繰り返す場であるため，常に新しい他者に対峙するフィールドだからである。では，調査者は具体的にどのように現場に「参与」し，何をどのように「観察」しているのだろうか。また，「参与」し「観察」したものをどのように「記述」し問いを発見するのだろうか。これらについて本章では，ネパールの首都，カトマンズの観光市場タメルにおいて，筆者が参与観察の対象としてきた宝飾商人と観光客を事例に概説する。

1　参与観察における「参与」の仕方

⑴外側での「参与」

参与観察を始める前，リサーチ・クエスチョン（解決したい問い）は漠然としていてかまわない。参与観察は，「とりあえず現場に行く」「とにかくできることは何でも積極的にやってみる」という心意気が大切である。その限りにおいて，参与観察は冒険旅行に行くようなものである。ただし，そんな冒険旅行の只中にあっても，自身が被調査者からみて外側で参与するのか，内側で参与するのかをまずは意識しなければならない。なぜなら，外側／内側の立場の違いによって得られる情報の量と質に差が出るからである。まずは，外側で参与することで得られる情報がどのようなものであるかについて，筆者の参与観察の経験から説明していこう。

大学院に入って間もない頃，筆者はタメルの宝飾商人の商売実践や取引関係を調査するため，タメルの宝飾店の１つであるＫ店で，宝飾商人と観光客の交渉過程を観察させてもらっていた。Ｋ店だけでなく，タメルの宝飾店では宝石や宝飾品に値札がついておらず，売値は宝飾商人と観光客の価格交渉でそのつど決まっていた。そうした価格交渉を観察しているうちに，筆者は，宝飾商人が価格交渉に入る前に，観光客とお茶を一緒に飲みながらしばらく「世間話」を楽しみ，観光客と親密になった頃合いに価格の話を始めていることに気が付いた。その様子を見て当時の筆者は，「宝飾商人は観光客にフレンドリーでかつホスピタリティ精神があるものの，観光客との親密な関係を利用して宝飾品を売りつける詐欺師のようである」と結論付けた。しかし，そうした宝飾商人の二面性は，とりわけ彼らの言動を観察せずとも，観光客に聞き取り調査をすればすぐに入手できる情報であった。それは，タメルに滞在する観光客（バックパッカーや登山家を含む）が宝飾商人たちに抱くものと同じであったし，ガイドブックにも注意書きが記載されるほど誰もが知り得る情報だった。つまり筆者は，観光客やメディアの立ち位置で宝飾商人たちの言動を観察していたのである。

当時の筆者は，宝飾商人の外側（観光客やメディア）で参与観察していたのである。彼らの外側に立つ限り，彼らがどのような意図で観光客に親密な態度をとるのか，また彼らは詐欺師と揶揄されるが，実際の彼らの儲けはどの程度なのかといった内部の情報にアクセスすることはできない。当然のことながら，宝飾商人はそうした「企業秘密」の類を「部外者」である筆者に開示しようとは思わないのである。観光地のホテルやレストラン，その他の土産物店の例でいえば，観光客に自ら都合の悪い情報を開示しないことと同様である。

しかし，そうした限界点を差し置いても，外側で参与することには多くの利点もある。まず，調査が始めやすい点である。最初に参与観察を始める際は，たいてい外側での参与からスタートする（ただし，自身の親族やアルバイト先のように，すでに自身がコミュニティの一員である場合は内側での参与からスタートできる）。次に，調査対象者の対外的な言動を十分に観察できる点である。宝飾商人は当初，間違いなく筆者を観光客の１人と見なし観光客向けの対応をしていた。ホテルや旅行会社などの観光業でも同様に，外側で参与する調査者に対して開示される情報は，観光客が得られるそれと同程度であることが多い。そうであるならば，調査者自身が観光客にならずとも，観光客向けの対外的な対応がどのようなものであるかを調査することが可能となる。重要なことは，調査者自身が調査対象者の外側で参与していることを意識し，どのような情報にアクセス可能／不可能なのかを意識することである。

⑵内側で「参与」する

次に，内側で参与するとはどういったことか，またそれによって得られる情報はどのようなものかを概説していこう。

まず，内側で参与するには，調査対象者と同じ環境に身を置き，行動を共にし，協働関係になる必要がある。先に挙げたタメルの宝飾商人の事例の場合，筆者自身が宝飾商人となって観光客に土産物を売る立場になることを意味する。むろん，観光客から宝飾商人に転身するためには，宝飾商人から内側で参与することを了承してもらわなければならない。交渉の結果，筆者は以下のような条件でＫ店の商人として働くことを許可された。

まずは「見習い」（店のお茶くみ，店番，掃除，販売のアシスタント業務）からスタートし，宝石や宝飾品の品質，値付けについて学習する（通常，見習いは月給をもらうが筆者は無給であった）。「見習い」の仕事を覚えたら，次に「セールスマン」として店頭に立ち，観光客に商品を売ったり他の商人と仕入れの交渉を行う。また，通常，セールスマンは「コミッション制」（売上高の５～15％）で報酬を得るが，筆者は報酬を受け取らないことが条件であった。

Ｋ店で働きながら気づいたのは，内側／外側での参与から得られる情報に大きな隔たりがあることである。たとえば，Ｋ店の宝飾商人が観光客とお茶を飲みながら「世間話」をする場合，外側での参与から見えたことは「商人は観光客にフレンドリーであると同時に親密さを利用して観光客を騙す」という二面性であった。しかし，内側での参与から見えたことはまったく別ものであった。まず，商人が店にやって来た観光客と「世間話」をするのは，当の観光客と親密になりたいわけでも観光客を騙そうとしているわけでもなく，それが宝石や宝飾品の「適正価格」を提示するために必要なプロセスだからである。先述したように，宝飾品の売値は観光客との個別の価格交渉によってそのつど決まる。彼らはまず，店に初めてやって来た観光客に対し，どのような商品をどのくらいの価格で売ればよいのか見定める必要がある。観光客との「世間話」は，観光客がどのくらいの経済力があり，どのようなものに価値を感じるのか，ネパールの地価についてどれほど知っているかといった，「適正価格」を見定めるための情報収集の一環だったのである。

内側での参与の利点は，外側から得られる情報のみならず外側からでは見えない情報にもアクセス可能なことである。室内から外は見えるが，外からは室内を見えなくする窓ガラスフィルムを想像されたい。内側からは内と外の両方が見えているが，内と外の間に差し込まれたフィルムによって，外側からは建物の内部が見えなくなっている。参与観察において調査対象者の内と外にはこうしたフィルムが差し込まれているのだ。

しかし，内側での参与に伴う以下の難点を熟慮する必要がある。１つ目に，調査対象者のプライバシーや企業経営上の問題から交渉が難しい点である。２つ目に，内側からの参与が許可されたからといって，必ずしもコミュニティから「内側の人間」と見なされるわけではないことである。たとえば，筆者のように運よく店舗で働けることになっても，店の従業員からいつまでもよそ者扱いを受けることがある。内側で参与するには，その場にいることを許可されるだけでなく，調査対象者との協働作業を通じて，自身も彼らの売上や利益に貢献する必要もある。

2　参与観察における「観察」が意味するもの

(1)「見る」と「観る」の違い

参与観察の要であるもう１つの要素は「観察」である。言い換えれば，参与観察とは，他者の外側／内側で参与しながら，他者を観察する行為なのだ。では，観察するとは一体どういうことなのだろうか。どうすれば観察したことになるのだろうか。本節では，観察について「見る」と「観る」の違いから説明していきたい。

まずは，あなたが観光客であることを想像されたい。あなたがたまたま入った土産物屋に他の観光客がやって来たとしよう。あなたはその観光客に「何気なく目をやる」。すなわち，その観光客を「見る」のである。その観光客がどんな土産物を買うかについて，とりわけ知る必要もないし意識することもない。強いて言うなら，その観光客が買ったものを「自分も買ってみようかな」と思うくらいであろう。このように「見る」とは，無意識的に視覚に働きかけ，かつ視覚に飛び込んだ情報をありのままに受け取るような目の動きを意味する。

一方,「観る」は，物事を意識的に「注意深く観察する」ことを意味する。次は，あなたが先の土産物屋で参与観察している場を想像してもらいたい。あなたは，観光客が買った土産物の品質や値段，買うまでにかかる所要時間，どんな土産物を比較検討していたか，その観光客の様子（表情，声のトーン，服装，誰とどんな会話をするか)，観光客と店員との会話など，観察すべき事項を細部に分けて意識的に見るのである。物事をいくつかの項目に分けることは「観る」ための重要なポイントである。参与観察に慣れてくると，自然と観るべき項目分けができるようになるのだが，慣れるまでは「５Ｗ１Ｈの法則」で場面を観察することを勧める。

５Ｗ１Ｈとは，英語の疑問詞,「When：いつ」「Where：どこで」「Who：だれが」「What：何を」「Why：なぜ」「How：どのように」の頭文字をとったもので，情報伝達に必要な要素を示したものである。参与観察する際は，こ

表2-1　5W1Hに基づく参与観察の例

When	・2008年8月末の20：00ごろ ・ラマダン間近 ・オフシーズン
Where	・ネパールの首都カトマンズの観光市場タメル ・タメルにある宝飾店の1つ ・宝飾店の中で宝石が陳列されたブース
Who	・宝飾店の店主（ネパールの観光地で単身で働くインド系ムスリム商人） ・カナダ人の女性（24歳・ボランティアワーカー） ・参与観察者である私
What	・カナダ人女性が瑪瑙の石を選んでいる ・宝飾店の店主が瑪瑙の石の重さを測り，計算機をたたいてカナダ人女性に値段を示している ・テーブルには無数の瑪瑙が置かれており，カナダ人女性が品定めしている。
Why	・カナダ人女性は，宝飾店の店主の勧めでイスラム教の文字と瑪瑙をあしらったブレスレットを自分用に購入したい
How	・カナダ人女性はできるだけ安く瑪瑙を買うために，粘り強く価格交渉をしている ・宝飾店の店主は，穏やかに，瑪瑙の値段の妥当性をカナダ人女性に説明している ・カナダ人女性は店主のいう価格に納得できず，買うことをしぶっている

の5つの情報を基点に「観る」べき項目をさらに細かく分類していくのである。たとえば，何気なく目をやった「土産物を買う観光客」を，5W1Hに基づき「観る＝観察する」と，表2-1のような観察結果が得られる。

この表から，この観光地がネパールにあること，宝飾店であること，店主はネパール人ではなく移民商人であるインド系ムスリムであること，彼女は土産物を買っているのではなく，自分用のアクセサリーを買っていたことが理解できる。つまり，「見る」だけでは埋もれてしまう複数の事実が，「観る」ことによって明らかになるのだ。

また，これら5W1Hを分析するにあたり，「誰からみた5W1Hなのか」を意識する必要もある。表2-1のWhenの項目に「ラマダン間近」と記したが，この時間軸はカナダ人女性のものではなく宝飾店の店主であるインド系ムスリム商人のものである。ラマダンとは，イスラム教徒にとっての「聖なる月」であり，日の出から日没にかけて断食をする期間である。ラマダンが明けた後はイードという大祭があり，イスラム教徒は長い休暇をとる。ラマダン間近のこの時期，インド系ムスリム商人は，少しでも多くの利益を得て故郷に帰還しようと考える。しかし，８月はオフシーズンであるため，高値をふっかけて大事な観光客を逃がすわけにもいかない。そうしたジレンマを抱えたことで，この店主は慎重にカナダ人女性と価格交渉をしていたのである。

このように，観察するとはあらかじめ「観る」べきポイントを分類したうえで，意識しながら現場を「観る」ことを意味する。また，誰の視点で「観る」のかも意識する必要がある（インド系ムスリムの視点なのか，カナダ人女性の視点なのか）。これにより，１つの現場から複数の情景が浮かび上がってくるのである。

(2)総合感覚的な実践として「観察」

「見る」という行為が，視覚情報に依存していることに異論はないだろう。目に飛び込んできた情報をもとに，我々は無自覚に自分自身の行動を決めることができる。「観る＝観察する」ことも視覚情報の収集であることに違いはない。じっくりと注意深く，意識しながら物事を観る時，我々は目から入ってくる情報をキャッチしているのだ。

しかし，参与観察は視覚情報だけに頼るものではなく，五感を活用するような総合感覚的な実践である。厳密にいえば，視覚情報を頼りに様々な五感を働かせて，現場で生じていることを総合的に判断するのである。たとえば，「観る」と同時に重要なことは「聴く」である。「聴く」とは，漠然と無意識に「聞く」とは異なり，人々が発する個々の言葉や現場を流れる音を意識的に拾い上げることを意味する。たとえば表２-１において，カナダ人女性は瑪瑙（めのう）を品定めしながら宝飾店の店員の言い値を「高い」といってしばらく価格交渉をしていた。この情景に対し，「観る」と「聴く」という感覚を研ぎ澄ませるなら，彼女がどのような口調で，どのような雰囲気で，どのような表情で，どのような間合いで「高い」と言ったのかを意識することとなる（表2－1でいえば，「How」の項目にあてはまる情報である）。「高い」という言葉が，怒りながら発せられたのか，冗談っぽく笑いながら発せられたのか，神妙な面持ちで発せられたのかによって，「高い」にも複数の意味が考えられるのだ。参与観察する際は，そうした音の質にも耳を傾ける必要がある。

「聴く」の他にも，状況に応じて触覚・味覚・嗅覚を働かせる場面も出てくるであろう。カナダ人女性が瑪瑙を触りながら，「すべすべしている」「つめたい」「石からパワーを感じる」など触覚に関わる言葉を発したなら，参与観察者も実際に瑪瑙を触ることで現場に参与しなければならない。観光地で出された食事を観察する際は，視覚や聴覚だけでなく，実際に食べてみて嗅覚や味覚を働かせる必要がある。そうした総合感覚的に参与観察することで，初めて参与観察の結果を分かりやすく他者に説明することができるのである。

3　参与観察のまとめ方

(1)現場の情景を記述する

参与観察で得た情報はエスノグラフィや論文のような，目に見える成果として報告したり発表したりする。そのまとめ方に具体的なマニュアルがあるわけではないが，意識しなければならないことは参与観察者が観たり聴いたりしたことを他者に分かりやすく解説・翻訳できているか否かである。では，分かりやすい解説とはどのようなものであろうか。

まずは，食レポ（グルメリポート）を思い出してもらいたい。食レポは，実際に食事をした人が，その食事の魅力を他者に伝えるものである。上手な食レポとは，それを食べていない人がその味を想像でき，かつその食事に魅力を感じるように解説することである。参与観察から得た情報を記述する際も同様に，現場に行ったことのない人が現場の臨場感を味わうことができ，その現場に興味をそそるような記述が望ましい。そのための方法は，観たり聴いたりしたことを，できるだけ詳細かつ克明に記述することである。

たとえば，先に示した宝飾店の店主とカナダ人女性の価格交渉の様子について，以下の２つの記述の違いを見ていこう。なお，以下の情景は，筆者が宝飾商人の内側で参与した際に得たものである。

記述①

K 店の宝飾商人が，「この瑪瑙は，あなたにだけ特別に800ルピーで売りますよ」と言った。するとカナダ人女性は，「それでも高すぎるわ，もっとまけてちょうだい」と言った。

記述②

K 店の宝飾商人は，計算機をたたきながらしばらく考え込んでいた。そして思い切ったように「この瑪瑙は…あなたにだけ特別に800ルピーで売りますよ！」と言って，穏やかな笑みを浮かべた。彼女は，店主から計算機をさっと奪いとると，計算機をにらみつけた。そして甲高い声で「それでも高すぎるわ！もっとまけてちょうだい！」と叫んだ。しかし，その表情は楽しそうであり彼女は店主の言葉におかしそうに笑ったりもした。彼女はまるで，店主との価格交渉を楽しんでいるかのようであった。

記述①と②は，いずれも「K 店の宝飾商人がカナダ人女性に瑪瑙の値段を800ルピーと告げたところ，彼女がそれに納得しなかった」という事実を述べたものである。しかし，記述②は店主やカナダ人女性の様子が詳細に記述されており，その情景がより想像しやすいものとなっている。それは，参与観察において，５Ｗ１Ｈのような複数の項目に従って現場で起こった出来事を観察し，また，いかに総合感覚的に観察してきたかを示すものなのだ。

実際に観たり聴いたりしたことを，他者にもその情景が伝わるように解説するために必要な作業は，現場の状況を書くことである。書くことは，参与観察の最中から実践すべきことである。現場で五感を働かせながら気になったこと，現場の人やモノの細かな動き，言葉，様子をひたすら書き出していくのである。いわゆる，文化人類学のフィールドノートがこれに相当する。現場で書くだけの余裕がない場合は，適宜，録音したり写真や動画の撮影をして，後に現場の様子を振り返ることができるようにしておく。参与観察者自身もその情景を思い浮かべながら，どのように記述をすれば現場に居合わせない他者にも現場のリアリティを伝えることができるかを考えながら書いていく。この一連の作業が解説である。

⑵問いを立てる

情景を分かりやすく解説することは，参与観察のデータをまとめる要であるもののそれだけでは不十分である。参与観察は現場の情景から「新たな問い」を発見するためにも実施されているからである。問いとは「説明できない何か」を意味する。「どうしてそうなるのか」「なぜそうなるのか」「自分の常識では理解できない」「矛盾しているように見えることが実際に起こるのはなぜか」など，現場は多くの謎や驚きで満ちている。

たとえば，先に記述した宝飾商人とカナダ人女性のやり取りにおいて，カナダ人女性は宝飾商人の提示する価格に対し「高い，まけてほしい」と訴えていた。それまで筆者は，値切り交渉は売り手と買い手の関係を敵対的かつ険悪にすると考えていた。しかし筆者の観察する限り，宝飾商人もカナダ人女性も土産物の価格をめぐる交渉を楽しんでいるように見えた（記述②を参照）。そこで，浮かび上がる１つの疑問は，「値引き交渉の場を楽しい雰囲気にさせ，また逆に，値引き交渉を経て売り手と買い手の関係が良好になるといった事態はなぜ生じるのか」である。

また，この情景には続きがある。値引き交渉の結果，カナダ人女性は宝飾商人からたくさんの瑪瑙を購入したのである。ただし彼女は，宝飾商人の提示価格に納得して購入したわけではなく，購入後も，半ば呆れたように「あなたの言い値はいつも高い」とぼやいていた。その現場を観察していた筆者は，「高いと思うのならなぜ買うのか」，「タメルには他にも宝飾店がたくさんあるのに，なぜ彼女は高値で売るこの宝飾商人から瑪瑙を買う必要があるのか」と不思議に思ったものだ。通常の市場原理に基づけば，品質に対して割高だと感じる商品を消費者は購入しないからだ。そこで浮かんだ問いは，「なぜ，こうした矛盾が生じるのか」，または「騙されていると知りながら積極的に騙されにいくような事態はなぜ生じるのか」であった。

問いが定まれば，それを解明するために文献調査をしたり，もう一度現場に戻り事実を確認したりする。筆者はタメルに何度も足を運び，宝飾商人と観光客の価格交渉の現場を何度も参与観察したが，そうした通常の市場原理に反するような「積極的に騙されに行く」ケースを数多く確認した。さらに，観察を繰り返すと，人々の出会いが一度きりで終わると思われる観光の場で，宝飾商人と観光客が長期的に関係を続けるような事態が次々と明るみに出たのである。問いを発見した後も現場で参与観察を繰り返し，さらなる問いを発見していくことができるのだ。

参与観察の重要な意義は，現場から問いを発見することにある。そのためには，本章を通じて説明したように，(1)自身の立ち位置を決めて参与すること（外側か内側か），(2)総合感覚的な実践として現場を観察すること，(3)現場の情景を詳細に記述することが必要不可欠である。参与観察時に何も問いが浮かばない時は，とにかく現場の情景を詳細に書き出すことを勧める。書くことは，自身が観察したことを客観的に捉え直す作業であり，書くことによって自身が何を観察できたかを意識できるようになるためである。

また，参与観察はいつでもどこでもできるところに利点がある。観光地で参与観察する場合，目的地である観光地に行かなければならないと思うかもしれないが，その観光地へ向かう道中や観光地周辺にある食事処，ホテル，土産物屋などすべての場で参与観察は可能である。必要なことは，五感を研ぎ澄まし，観えたこと，聴こえたことをフィールドノートに書き記し，写真や動画を撮ったりすることである。日頃から，そうした訓練をしておくと実際の参与観察で得られる情報の質は格段に上がるはずである。

ブックレビュー

本章で取り上げた事例は，2018年に刊行された拙著『友情と詐欺の人類学――ネパールの観光市場タメルの宝飾商人の民族誌』（晃洋書房）から抜粋したものである。同書では，参与観察の様子が克明に記録されていると同時に，本章で最後に挙げた「なぜ，高いと分かっていながら購入するような市場原理に反する事態が生じるのか」，「騙されていると知りながら積極的に騙されにいくような事態はなぜ生じるのか」といった問いへの答えも出されている。

本章で提示した「見る」と「観る」の違いや総合感覚的実践という考え方は，2010年に刊行された小田博志『エスノグラフィー入門――〈現場〉を質的研究する』（春秋社）を参照にして，筆者が本章のために再構成したものである。本著は必ずしも参与観察法に特化したものではないが，参与観察法を実践するための調査準備，調査方法，記述方法を幅広く扱った優れた入門書である。

（渡部瑞希）

第3章
オート・エスノグラフィー
——自分を振り返る再帰的な調査——

オート・エスノグラフィーは,「自伝的民族誌」とでも訳せるだろうか。これは,近年,人類学,社会学,地理学,心理学などで注目を集めつつある調査法である。調査者が身体的な感覚や,その時に考えたこと,感じたことを重視しながら,自分自身の体験や経験を記述していく調査法なのである。以下では,このオート・エスノグラフィーを説明したうえで,この調査法の問題意識に何があるのかを考えていく。そのうえで,この調査法を用いた具体例を概観していこう。

1　オート・エスノグラフィーとは

オート・エスノグラフィーは,質的調査法のひとつである。オート・エスノグラフィーを行う者(オート・エスノグラファー)は,自らの個人的な経験・体験を書き,自分がその体験・経験をどのように意味づけたのかを描き出す。そうすることで,自分のことをふりかえりながら(反省的=再帰的に捉えながら),自らが属する社会における文化や価値観がどのようなものであるのかについて批判的に明らかにする。

おそらく具体例があった方が分かりやすいので,GUO Yang「パフォーマティブに体験される『文化の真正性』——京都観光における着物体験を事例として」というタイトルの論文を一例に取り上げてみよう。この論文は,私がかつて指導した中国人留学生の大学院生が執筆した修士論文である(立命館大学大学院文学研究科2020年度修士論文)。

この論文は,京都観光における「着物体験」を事例に,外国人観光客が着物体験というパフォーマンスを通じて,京都という地域における「文化の真正性

図３-１　着物体験をする人々

出所：https://www.photo-ac.com/main/detail/1108616（2023年９月15日閲覧）

（本物）」をいかに感じとっているのかを考察することを研究目的としていた。その際，観光社会学および観光人類学研究において重要な視点となっている，「パフォーマンス」論および「真正性」論の観点から考察が展開されていた。

すなわち，着物を着て歩くという観光客たちのパフォーマンスを通して，

⑴外国人観光客が京都という地域の文化をいかに感じとっていくのか。

⑵そのことが，京都という地域における「文化の真正性（本物）」をいかにしてもたらしていくのか。

⑶観光という移動の中で，京都という地域の文化が，どのように現れ，立ち上がってくるのか。

を明らかにするものであった。

この論文の研究方法は主に２つで，ひとつは「インタビュー法」が用いられた（第１章参照）。インタビュー法では，京都市東山区の清水寺エリアや，祇園・花見小路において，40人の観光客に対して調査が行われた。同時に，着物レンタル店の「イロドリキョウト」「Village 京都」「さがの館」のスタッフたちにも調査が行われた。

そして，もうひとつ用いられたのが，「オート・エスノグラフィー」である。この論文では，2019年11月22日に祇園花見小路や清水寺エリアで自ら着物体験を行い，オート・エスノグラフィーが実践されている。

オート・エスノグラフィーを行うまで，論文筆者であるGUOは大学院科目を担当する多くの教員から，京都における場所の意味や由来などを重視し学ぶように何度もアドバイスを受け，そのことについて自分で調べ，留学生でありながら，ある程度，京都文化がどういうものであるのかを理解し得るようになっていたと述べる。にもかかわらず，自分が着物を着て街を歩いた時には，それとはまったく別の次元で，いつの間にか「京都という〈舞台〉において，京都文化を体現しながら，普段から着物を着て歩いている〈京女(きょうおんな)を演じている〉」ような感じがあったと告白する。

着物を着て歩くことで，いつもと違う自分を他人に見せ，それを楽しむ。それは，コスプレの感覚に似ていたかもしれないと，そのときの体験や経験をふりかえる。アニメやゲームキャラクターのキャラクターになりきるコスプレのごとく，(実在ではなく，自分の頭の中にある空想上の) 京都に暮らす「京女」キャラクターを演じ，「主観」の中でそのキャラクターになりきるとともに，他人からもそのように見てもらっていることを楽しんでいたのだという。

そうした自分の姿をスマートフォンで自撮りし，インスタグラムにアップすることで初めて，自らの京都観光が完結していたと気づく。その意味で，外国人観光客にとって，京都文化の「真正性 (本物)」とは，場所の意味や由来などを学びさえすれば，誰がみても同じように客観的に存在しているのではない。また，ただ「見ること」によって創り出されているわけでもない。そうではなく，それは，「京都の様々な場所」「着物」「スマートフォンというデジタルテクノロジー」「インスタグラムというSNS」「観光客のパフォーマンス」などが繋がり合って，それらが総体となってダイナミックに創り出されているのだと結論づける。

このようなオート・エスノグラフィーは，以下のような長所を有しているといえる。

(1)自分自身しか知りえないような体験・経験，その時の感情を書くことができる。
(2)文化の違いを含めて，自分や，論文の読者に対して，今まで意識していなかったことを反省的に捉えさせていくことができる。
(3)そのことを通じて，時に，それまでの自分の立ち位置（ポジション）を反省するきっかけになる。
(4)一人ひとりの個人的な世界が，どのように社会現象や文化現象と交差し結びついているのかを分析できる。

他方，短所としては，以下のような点を挙げることができる。

(1)データが個人の記憶に依存しており，データにどれほどの信頼性があるのか分からない。
(2)好きなことをただエッセイ風，日記風に書いているだけに見える。
(3)そのため考察に客観性がないように思えてしまう。

2　オート・エスノグラフィーの問題意識

オート・エスノグラフィーには，様々な学問分野で，これまで当然のごとく正統だと疑われることのなかった考え方に対して，再考を促そうとする問題意識がある。

これまでは人類学においても，社会学においても，地理学においても，心理学においても，そして観光学においても，調査者はいろいろな現象を客観的にリサーチし，誰がみても「普遍的な真実」を明らかにするべきだとされてきた。こうした真実を学術的な責任をもって明らかにし提示することが，学問では何より大切だと考えられてきたのである。

その意味で，調査者は研究の「主体」であり，研究される「対象（客体）」

と明確に分けられるべきだとされてきた。調査という行為は，研究の「主体」である調査者の自発的な意志のもとで，研究される「対象（客体）」である人や文化や地域などを冷静に，合理的に，客観的に調べる行為だと考えてきたのである。

しかし調査において，誰がみても「普遍的な真実」を明らかにすることなどできないのではないか――そういった疑問が，文化人類学などで1980年代からジェイムズ・クリフォードという研究者たちによって示されるようになった。誰が，どのような人間関係のもとで，どのような文脈の中で調べるのかによって，調査は大きく左右されるのだ。

そうだとするなら，調査が明らかにしているものは，そもそも一体，何だというのか。この問いかけは「表象の危機」と言われ，調査のあり方が根本から考え直されるようになっていくのである。

その中で，研究の「主体」である調査者は，研究する「対象（客体）」と明確に分けられるものではないと考えられ始める。むしろ調査者は，研究の「対象（客体）」である，いろいろな他者・事柄・出来事と繋がり合って存在している。その中で調査者が行った体験や経験，そしてそこで感じた身体的な感覚や感情などが，学問的な知に大きく影響・作用（アフェクト）を及ぼすのだとすれば，それを無視するのではなく，積極的に向き合っていくことが重要である。その問題意識から，オート・エスノグラフィーが行われるに至ったのだ。

具体的にいえば，私たちは，フィールドの匂いを運んでくる風に吹かれて，フィールドに奏でられる音を聴き，フィールドの温度を肌で感じる。そして様々な感情を向けてくる他者と出会い，時にメディアテクノロジーを活用し，人の声を聞き，その場所に存在しているモノを見る。つまり調査という行為は，調査者が，他者，自己や他者の感情，風・音・温度などの環境，モノ，メディアテクノロジーによって形成されているフィールドに「おいて」，フィールド「とともに」，フィールドに「まきこまれて」体験・実践・思考するという行為なのである。

その意味で，調査とは，調査者が「普遍的な真実」を記述し，説明し，解釈するといった行為ではない。それは，調査者自身が他者，自己や他者の感情，

コラム2　推し活のオート・エスノグラフィー

たとえば，アイドルグループの推し活を研究したいとする。その際には，アイドルグループが奏でる楽曲，推し活を行う人々，彼らの感情，そして自分の感情などが繋がりながら，自分の推し活が行われていることを無視できないだろう。そうだとするならば，それらが結びついている影響や作用（アフェクト）のもとで，自らがフィールドに「まきこまれ」，様々な経験・体験したことを，どのように意味づけたのかを描き出すことが重要となる。それゆえオート・エスノグラフィーは，「推し活」研究においても有効となる。

環境，モノ，メディアテクノロジーと繋がり，それらに影響や作用を与えたり（affect），影響や作用を与えられたり（be affected）しながら，それらの中に調査者自身も組み込まれていく行為なのである。オート・エスノグラフィーは，このように考えられる中で積極的に行われていくのである。

3　オート・エスノグラフィーを用いた具体例

こうしたオート・エスノグラフィーを用いて，観光研究をどのように行うことができるのか。その具体例をみてみよう。ここで取り上げたいのは，自転車

図3-2　サイクリング・ツーリズムの光景
出所：https://www.mlit.go.jp/road/bicycleuse/good-cycle-japan/tourism/（2023年9月15日閲覧）

コラム3　ヨーナス・ラースン

ヨーナス・ラースンは1972年生まれで，現在，デンマークにおけるロスキレ大学「人とテクノロジー」学部（Department of People and Technology）教授である。彼は観光現象を地理学・社会学の視点から読み解く研究者として，世界的に注目されている。彼の業績としては，まず2011年にジョン・アーリとの共著で出版された『The Tourist Gaze 3.0』（邦訳タイトルは『観光のまなざし［増補改訂版］』）を挙げなくてはならない。他にも『Tourism, Performance and the Everyday』『Digital Snaps』『Mobilities, Networks, Geographies』等の編著が多数ある。

を活用した観光形態であるサイクリング・ツーリズムを研究した，ヨーナス・ラースン「レジャー，自転車のモビリティーズ，都市」（『観光学評論』Vol. 5 No. 1）という論文である（コラム3参照）。

彼は，デンマークのコペンハーゲン，オランダのアムステルダム，イギリスのロンドン，アメリカ合衆国のニューヨークにおける，サイクリング・ツーリズムをオート・エスノグラフィーの手法を用いて観察する。その際，ラースンは自らの体験を綴っていくのである。

まずデンマークの部分では，このように語る。

> 今日，観光名所を巡って遠出をした。コペンハーゲンには新しい形のサイクリストたちがいる。ホテルやレンタルショップで自転車を借りて，レジャーとして自転車でぶらつく観光者たちだ。その数は，アマリエンボー宮殿や人魚姫の像のところへ行くにしたがって増えていく。自転車道やサイクリストの文化は，観光名所と同じくらい世界で有名なのかもしれないと思った。

またアムステルダムでは，こう述べられている。

> 私のパートナー，息子，私はオレンジのマウンテンバイクをレンタルし，ヘルメットを着けて走った。素晴らしかった。
> あとで私がビデオを見ていた時に――それは私の息子のヘルメットに装着されたカメラに撮られていた映像だ――，息子がその日ずっとハミングしていたことに気づいた。彼がその日上機嫌だったことを表すものだ。

こうしてコペンハーゲンやアムステルダムでは，非常に快適にサイクリング・ツーリズムを楽しむことができていたと振り返る。それに対してロンドンやニューヨークでは，まったく事情が異なっていたという。ロンドンの記述は，こんな風に書かれている。

> ロンドンに行く時には地下鉄が利用しやすいと思う。地下鉄から出ると，交通量の多さに容赦なく圧倒されてしまう。ここで自転車を乗るなんて考えられない。自分がとても熟練したサイクリストかどうか分からなくなってしまう。皆も進行方向が間違っているのかもしれないし。これに耐えられるなんて思えない。少なくとも家族を連れてきたいとは思えない。

最後に，ニューヨークではこのような記述となっている。

> 息子やパートナーが何か「間違い」をすると，何度も我を失って怒った。――息子はアムステルダムのようにハミングができずにいた。その代わり，彼は私にリラックスするように言った。

結論として，コペンハーゲンやアムステルダムの快適さに比較して，ロンドンやニューヨークでは，サイクリング・ツーリズムを行うこと自体が非常に危険なものであり，サイクリング・ツーリズムで人々が移動するという行為は，観光者だけの要因を見るだけでは分からないのだとラースンは主張する。都市の中を自転車で移動することは，たんにＡ地点からＢ地点へ行くということではない。

それは，その都市が自転車に対してどの程度理解を示しているのかという都市文化，自転車をレンタルしたり自転車によるツアーを企画したりする会社の取組，交通規則という制度，道路のインフラ状況，自動車の多さ，自動車の運転の荒さ，観光者相互間の感情といったものと，観光者が繋がり合い，それらに影響・作用を与えたり（affect），影響・作用を与えられたり（be affected）しながら総合的に創られている体験・経験である。

そうであるならば，調査者自らも，そうした結びつきや繋がりの中に身を投じ，積極的に組み込まれていかなければ，見えてこないものがたくさんあるのではないか。ラースンはそう考え，サイクリング・ツーリズムのオート・エスノグラフィーを展開したのである。

ブックレビュー

まずオート・エスノグラフィーについて分かりやすい入門書としては，藤田結子・北村文編『現代エスノグラフィー――新しいフィールドワークの理論と実践』（新曜社，2013年）がある。

そしてオート・エスノグラフィーに特化して書かれている書籍として，トニー・E・アダムス，ステイシー・ホルマン・ジョーンズ，キャロリン・エリス『オートエスノグラフィー――質的研究を再考し，表現するための実践ガイド』（新曜社，2022年）がある。これはオート・エスノグラフィーに関する定評あるテキストとして位置づけることができる。

質的調査法に関する専門的な書籍としては，ノーマン・デンジンとイヴォンナ・リンカン編『質的研究ハンドブック　3巻』（北大路書房，2006年）がある。このうち3巻第5章がオート・エスノグラフィーに関する章にあてられているが，同章を執筆しているのが，先の書籍の執筆者の一人であるキャロリン・エリスと，アーサー・ボクナーだ。

また，オート・エスノグラフィーを用いた具体例としては，石原真衣という文化人類学者による『〈沈黙〉の自伝的民族誌――サイレント・アイヌの痛みと救済の物語』（北海道大学出版会，2020年）という著書も参照してもらいたい。これは，日本において行われたオート・エスノグラフィー的研究の好例である。「真衣――

『サイレント・アイヌ』の物語」という章は，自らのことを語る章となっており，次のような言葉から始められている。

「一九八二（昭和五七）年の冬，サッポロで，琴似屯田兵を先祖に持つ和人の父と，和人とアイヌのハーフである母の元に，私は生まれた」。そして自分自身の物語を語る中で，アイヌであることを沈黙し生きてきた「サイレント・アイヌ」の意味が紡がれていくのである。

この他に，岡原正幸編著『感情を生きる――パフォーマティブ社会学へ』（慶應義塾大学出版会，2014年）も参考になる。これは，社会学においてオート・エスノグラフィーを用いた好例である。

なお具体例として本章で挙げたのは，ヨーナス・ラースン「レジャー，自転車のモビリティーズ，都市」（『観光学評論』Vol. 5 No. 1，pp.19-61，2017年）である。サイクリング・ツーリズムを考察したい方は特に必読である。

（遠藤英樹）

第4章
生活史法
——語りとモノから観光を照らし出す——

生まれてから今に至る長い時間の営みとしての生活や人生という言葉のもつ「重み」とは対照的に，人生のごく一部の時間の楽しい出来事としての観光には「軽やか」な響きがある。一方，「人生を変えた旅」や「自分探しの旅」のように，旅は心を揺さぶられるような情景や出来事との遭遇や，ある種の苦難を超えた先に見出される，ツーリストの自己アイデンティティや人生を左右する「重い」意味を持ちうるものとされる。生活史法は，「気晴らし」から「実存」にわたる観光経験のモードに分類される，「軽くて重い／重くて軽い」観光経験の個人的な意味づけを解明するうえで，有効であると考えられる。

本章では，ライフヒストリー法とも呼ばれる生活史法がどのような研究手法であるのかについて学ぶ。個人の人生や生活の歴史について焦点をあて，語りとモノという観点から，ある個人の旅行記，絵葉書，土産物，写真等を分析することで，当時の社会において観光がどのようなあり方を示していたのかを明らかにできる。ここでは，観光研究における生活史法を用いた研究を事例として紹介し，生活史の記述と具体的な分析について述べる。

1　生活史法とは

生活史法は，個人に焦点をあてた研究法であり，個人の人生について，その生い立ちや具体的な出来事や経験について語りを聞き取り，分析する手法である。生活史という言葉は，英語ではライフヒストリーの他にライフストーリーとも呼ばれている。また，歴史学では口述史（オーラルヒストリー）という手法がある。生活史も口述史も個人に焦点をあてた聞き取りと分析によって，研究対象とする人々の生きられた経験から明らかにすることを主眼とする。

生活史法を用いた先行研究としては，1918年に刊行されたトーマスとズナニエツキによる『生活の社会史――ヨーロッパとアメリカにおけるポーランド農民』（御茶の水書房，1983年）がある。当時のアメリカにおいて社会学の拠点となったシカゴは，移民の流入によって発展した都市である。シカゴ学派の社会学が，移民という国境を越えて移動する人々の生活世界を明らかにするうえで有効な手法として生活史を用いたことは，今日のツーリズム・モビリティの研究の研究手法を考えるうえで示唆に富んでいる。

社会学に限らず，人類学を含むその他の領域におけるライフヒストリー研究では，マイノリティや差別を受けた人々，病いや苦しみの経験を生きた人々の声をすくい，個人の経験から理解を深めることを目的としてきた。一見すると，レジャーや旅行という「楽しみ」の経験というよりも，「苦しみ」の経験とその意味世界の理解に有効な研究手法に見えるかもしれない。しかし，生活史法は，「気晴らし」から「実存」にわたる観光経験のモードに分類される，「軽くて重い／重くて軽い」観光経験の主観的な意味づけを日常生活の連続としての人生という文脈において解明するうえで，有効であると考えられる。

2　ツーリズム・ライフヒストリーを記述する

『ホスト・アンド・ゲスト――観光人類学とはなにか』（ヴァレン・L・スミス編，ミネルヴァ書房，2018年）の中で，人類学者のネルソン・グレーバーンは，時間の認識において個人的な経験がもつ意味について指摘している。わたしたちが過去の出来事を思い出すとき，「それはローマに行った年のことだった」というように，カレンダーの正確な日付よりも記憶に残る出来事のほうが，より鮮明な時間のマーカーになることがある。つまり，本人にとって非日常的で意味のある出来事は，時間の流れを徴しづける。修学旅行や新婚旅行のような特別な旅行に限らず，現代社会に生きる人々にとって，観光経験はその人の人生における時間の流れを徴しづけ，今を生きることの徴しにもなりうるのである。

観光経験が人生の徴しとなる重要な出来事であるならば，その経験を具体的に示すモノを所有することに意識が向くのは当然だろう。近年，観光における経験消費（コト消費）への関心が高まりを見せるなか，日用品から贈答用の土産物まで旅行中の買い物（モノ消費）は依然として主要な観光活動である。旅先で買った新しい食器や雑貨を使うことよって日常生活にはささやかな変化が生じる。「新婚旅行」で買った「ペアグラス」は，平日は食器棚に並び，手の込んだ料理を囲む週末の夕食の時に使うテーブルウエアかもしれない。旅の思い出の詰まったお気に入りのモノは，人生における特別な時間の徴しとして日常生活の中に特別を創り出す。つまり，観光の時間と日常の時間は，モノによって繋がれ，ライフというひとつの文脈に統合されるのである。

レジャー施設や美術館のチケットの半券など，旅の行程で貰ったモノを旅の記録として持ち帰る人もいるだろう。それらは，他人には価値のない「ゴミ」であっても，ツーリストによっては大切なモノであり，それらを写真に添えてアルバムや旅日記を作ることは「旅アト」の楽しみとして旅の一部となる。さらに，土産物や絵葉書は，贈与交換というコミュニケーションを生む。ツーリストの個人的な観光経験を他者に開くのも，観光におけるモノ消費といえよう。したがって，個人の人生における生きられた観光経験を記述するには，対象の語る言葉のみならず，観光行動をめぐるツーリストとモノとの関わりにも目を向け，語りとモノから観光を照らし出すという方法が有効となる。

3　ツーリズムリサーチに生活史法を用いる

生活史法の具体的な方法は，対象とする個人によって語られた，過去から現在に至るまでの暮らしや生活の経緯（文脈）を聞き取ることである。観光研究において，生活史法の対象となるのはツーリストだけではなく，観光現象をめぐる様々なアクター（ホストとゲスト）が挙げられる（表4-1）。また，生活史法は，観光地の地理空間や地域社会の変容，さらに観光対象となる自然や文化の様態を，現場に関わる人々の経験や人生を通して理解するのに適している。対象とする個人に加え，その周りの人々の語りや所有物，写真や書き残したものなども重要な資料となる。したがって，個人とその人を取り巻くヒト・モノ・コトを総合的に把握し，その人の生きた社会や文化を理解するための手法であるといえる。

表４－１　ツーリズム・ライフヒストリーの対象となる人々の例

ホスト	観光ガイド（ツアーコンダクター，ボランティアガイド，登山ガイド，通訳ガイドなど），語り部，伝統工芸職人，歌手・踊り手・奏者，民宿・Ｂ＆Ｂ・ゲストハウスなどの経営者，先住民・少数民族など，観光産業に関わる特定の職種や属性を有する人々
ゲスト	バックパッカー，巡礼者，留学生，療養者，登山者，走者，サーファー，スキーヤー，キャンパー，ワーキングホリデー参加者など，様々な観光カテゴリーに分類されるツーリスト

出所：筆者作成。

ツーリズムリサーチに生活史法を用いる目的は，大きく分けて２つある。

①**サンプリングから全体（構造）を捉えるため：**

個人に焦点をあて，一人ひとりの人生における具体的な出来事や経験に関する語りをサンプルとして複数集め，明らかにしたい事象について全体的な傾向や類型を把握する。インフォーマント，すなわち，調査対象者である個人それぞれの持つの価値観やものの見方，行為や意思決定，選択，考え方をもつに至った経緯を明らかにする。その際，因果関係や主観的意味づけなど，インフォーマントの文脈を捉えることができる。

②**調査地を全体的に把握するために必要となる情報を収集するため：**

生活史法は，調査地の過去の出来事や歴史的経緯，物事の変遷，コミュニティの変容について，個人がその人生において見聞きしたことや経験したこと，関わりのあった故人について回想し，記憶を掘り起こすことによって，公的な記録に残っていない情報を収集することができる。また，調査地において参与観察を通して見聞きする事柄について，それぞれのアクターがなぜそのような行動をとったのか，なぜそのような考えを持つに至ったのか，インフォーマントの生い立ちから現在に至る来歴，家族・親族構成などの社会経済的属性や文化的背景などを把握することによって，全体的に理解することができる。

⑴調査の手順

生活史法を用いた調査は，一般的なインタビュー調査と同様に，調査対象者の選定と調査協力を要請することから始まる。まずはインターネットで検索し，調査対象者が集まる場所や共有するネットワークなどを把握し，アクセスしてみよう。公式な窓口からアポイントメントを取り，最初に会って話を聞く人物は，調査対象者のコミュニティのゲートキーパーであり，その後の調査を進めるうえでも重要なインフォーマントである。最初に，研究テーマや調査内容を相手に分かりやすく説明することが，ラポール（信頼関係）形成の基礎となる。依頼状を作成し事前に渡すなど，丁寧に手続きを進めたい。継続的な聞き取りや，他の調査対象者の紹介などをお願いすることも念頭に置き，調査対象者の置かれた状況やプライバシーなどの倫理面を十分に配慮し，信用を得られるように行動することを常に意識したい。

聞き取りをする場所や日時は，調査対象者の希望を優先しよう。オンラインでのインタビュー調査は，調査者と調査対象者の双方にとって利点もあるが，可能なかぎり対面での聞き取りの機会も設けよう。さらに，調査者自身に無理がないことも重要である。たとえば，一人暮らしの調査対象者の自宅を訪問するのは気が進まないならば，日中に比較的静かに話の聞ける公共の場を利用する，初回は人物確認のためにカフェで面会するなど，調査中のトラブルの回避や危機管理の観点からも聞き取りの場所や時間帯などは適切に判断したい。

⑵何を・どのように聞くのか

聞き取り調査は，相手の発話を遮らず，インフォーマントが話したいように話してもらうことを基本とする。研究テーマによって，構造化インタビュー，半構造化インタビュー，非構造化インタビュー（第1章参照）を使い分けるとよい。生活史法の場合，質問項目をある程度設定しておく半構造化インタビューを用いると，調査対象者の自由な語りと必要な項目についてもれなく聞き取ることができる。

質問項目の準備：ライフヒストリーは，調査者と調査対象者の会話（対話）という相互行為によって生み出される。つまり，生活史法という研究手法は両

表4－2　ツーリズム・ライフヒストリーの記述に必要となる情報・質問項目

人物情報	年齢，出身地，国籍・エスニシティ，文化的背景（言語，宗教など），家族構成，職業，教育，趣味，渡航歴，リピーター歴など
社会関係	交友関係，同窓・学校関係，居住地域，地縁関係，雇用関係，親族関係，宗教関係，趣味縁など
その他	経済的状況に関する情報（年金，資産，土地，不動産など），病歴・既往歴，ジェンダー・セクシュアリティなど

出所：筆者作成。

者の協働によって成立するのであり，聞き取りを行う前の準備として，具体的な質問項目のリストを作成しておくことは役に立つ。また，基本情報として把握しておきたい事柄については，チェックリストがあると便利である。ただし，聞きづらいことを無理に聞くことは避け，話の中で間接的に質問するなど工夫をしてみよう。たとえば，資産について直接的に聞くのは憚られるが，税金や節税の工夫に関して問えば，なんらかの回答が得られるかもしれない。

調査対象者が集まる場やネットワークを利用した長期的な参与観察を行う場合，窓口となるゲートキーパーへの面会や聞き取りを経て，調査対象者と直接知り合い，個別にインタビュー調査を依頼するという方法をとる。聞き取りを行った調査対象者に次に話を聞く人を紹介してもらい，雪だるま式に調査対象者を増やすスノーボールサンプリングと呼ばれる手法が，全体（構造）を捉えるうえで有効である。サンプリングが一定数以上集まったら，タイポロジー・模範型（仮説）を作ってみよう。そのうえで，女性の話がもっと聞きたいなど，恣意的なサンプリングを必要に応じて追加で実施する。

聞き取りの過程において，インフォーマントの話の脈絡や言葉の意味が分からない場合や，言い間違えが想定される場合は，タイミングが合えばやり取りの中で確認し，相手がひと通りの話を終えるのを待ってまとめて質問しよう。また，私物の資料や写真などを提示してくれた場合，可能であれば複写させてもらおう。複写が難しい資料やモノであれば，承諾を得て，デジタルカメラで撮影するなど画像に残しておく。また，インフォーマントがHPやブログ，SNSを利用している場合は，情報提供をお願いしよう。インターネット上に掲載された文章や画像は，インフォーマントの日常生活や観光行動の具体的な記録であるだけでなく，その人のものの見方や考え方，価値観や社会関係を理解するうえで重要な手がかりとなる。

⑶データ化・記録

トランスクリプション：ライフヒストリーの聞き取りを終えたら，できるだけ早い段階でインタビュー記録を作成しよう。インタビューを録音した場合は，文字起こしをして，トランスクリプト（文書化した記録）を作成する。録音をしなかった場合は，フィールドノートを読み返し，メモを取る際に書き損じたり抜けてしまった箇所を補足して，トランスクリプトとして清書する。いずれの場合も，「えー」や「あのー」などの言葉やどもり，相槌や笑いなどの音声は，厳密に書き起こす必要はないと判断される部分は省略してよい。ただし，調査対象者の内的状況を示す部分は省略せず，その様子を描写し，メモに残しておこう。また，文章として読みやすくするために，カッコ内に主語や述語を補足，「ら」抜けなどの書き言葉への変換，特有の言い回しや隠語，指示語の説明を挿入する。外国語のトランスクリプトの場合は，文字通りの記録に加え，言葉や文章の意味や解釈を補足しておこう。

年表の作成：生活の履歴，生い立ち，幼少期からの暮らしぶり，教育や職業などの来歴，人生の区切りや節目となる出来事（ライフコース）については，通時的に語られることが多く，エクセルによる調査対象者の情報整理に加え，時系列で整理した個々のライフヒストリーの年表や，観光地やホスト社会の年表を作成し，可視化しておくと役に立つ。

観察の記録：聞き取りを行った日時と場所，面会した際の様子など微視的な観察によって得られた情報を記録しておくと，後にインフォーマントを理解し，記述することに役立つ。たとえば，インタビュー調査のあとインフォーマントと食事をするような場合は，インタビューの内容に関わる話が継続することもある。また，インフォーマントの普段の食生活や嗜好，さらには健康状態について知る機会であり，ライフヒストリーの聞き取りの際の質問に繋がるような重要な気づきが得られる。さらに，次回持参する手土産はどのようなものが喜ばれるかなど，コミュニケーションを円滑にするうえで役に立つヒントが得られる。

⑷ライフヒストリーが照らすツーリズム・モビリティの新たな形

サンプルを集めていくと，必ずと言っていいほど出てくる言葉や複数の語り手が用いた言葉が明確になってくる。それらの言葉は，研究対象を理解するうえでキーワードとなる言葉であり，どのような意味でインフォーマントが使っているのか，その意味世界を捉えることが重要となる。

筆者は，タイにおける日本人の若者のライフスタイル移住に関する調査を行った（2003年）。調査対象者が集まる場として着目したのは，バンコクおよびチェンマイのタイ語学校であった。賃貸物件と語学学校の斡旋を行う日本の業者を訪問し，調査計画を立てた。後に，この時に話を聞いた人物が，タイ移住の経験者であり，バンコクに住む日本人のライフスタイル移住者の見えないコミュニティのゲート・キーパーであることが分かった。

3ヵ月間のフィールドワークでは，筆者自身も3つのタイ語学校に学生として通いながら参与観察を行った。また，クラスメイトである20代～30代の日本人学生と授業後や週末にも一緒に過ごすなか，個別にインタビュー調査を依頼し，聞き取りを行った。また，タイに留学中の日本人学生が運営するインターネットの掲示板やSNSを利用して，調査対象者を募った。また，スノーボールサンプリングによって，タイ語学校のモジュールを終えて現地採用で就職し移住生活を継続させている人々にも聞き取りの範囲を広げることができた。

タイに移住するまでの約10年間に40回のタイ旅行を繰り返した元バックパッカーから，元看護師，有名女優の元運転手まで，様々な若者のライフヒストリーを収集するなか，タイ旅行を繰り返すうちに「タイに住みたい」と思うようになり，「タイに住むために留学した」という語りのパターンが共通していることが分かった。さらに，その大多数が「とりあえず」という言葉を使った。これらキーワードに着目することにより，ライフスタイル移住が「境界性」「一時性」「流動性」を特徴とするツーリズム・モビリティであることと，その経験の意味づけを理解することに繋がった。

4　ツーリズムリサーチにおける生活史法を用いた分析事例

生活史法で収集された語りは，トランスクリプトとして整理したものであっても，あくまでデータの記録である。実際に研究論文やエスノグラフィーを記述する際，そのまま用いるわけではなく，ライフヒストリーに構成される。以下では，観光研究において生活史法が具体的にどのように用いられ，どのような書き方でまとめられてきたのか，具体的な事例研究を通してみていく。

(1)語られるライフヒストリーを記述する

次のライフヒストリーは，石井香世子（2010）によるタイ北部のチェンマイにおける山岳少数民族と観光産業に関する調査によって収集されたものである。山地に住む少数民族アカの無国籍の女性のインフォーマントによる時系列的な語りが日本語に訳され，いくつかの説明が括弧内に補足されている。聞き手との対話や質問，相槌などはすべて省略されている。

二〇歳のとき，夫と相談して，（ミャンマー（ビルマ）領内の村からタイ領内の）メーサイの（山岳地帯にある）P 村にやってきたの。P 村には，親戚がいたの。P 村には少しだけいたけれど，すぐにまた夫と相談して，チェンマイへ来ることにしたの。子供も生まれたし，チェンマイへ行けば何とかなるからって。それで，子供を P 村の親類に預けて，夫婦で街へ降りてきて働いたわ。私はタイ人の家で家政婦として働き，夫は建設現場の日雇いとして。当時私は，タイ語がほとんどわからなかった。でも，住み込み家政婦なんていう仕事は，タイ語ができなくても問題ないのよ。二年半，そうやって別々にチェンマイで働いて，夢中でお金をためたの。二年半経ったとき，山の村から子供を連れてきて，親子三人で，アカのコミュニティに移り住んだわ。親戚が先に住んでいたコミュニティだったから，心配はなかった。その後，町で二人子供も生まれて，家族も増えて。それから毎晩，私は土産物を売っているの（二〇〇七年二月，チェンマイ市内にて）。（石井 2010：311-312）

下線部は，インフォーマントの地理的移動に関する時系列に沿った語りである。アカで無国籍の女性であるインフォーマントは，ミャンマー領内の村出身であり，陸路で繋がるタイ最北端の国境の街メーサイのＰ村に住む親戚を頼り，夫とともに移住した。Ｐ村で子供が生まれたが，その子を親戚に預け，夫婦はそれぞれＰ村からチェンマイに移った。妻は，タイ語が話せなくても可能な家政婦として住み込みで働き，夫も建設現場の日雇い労働をした。２人で働いてお金を貯めて，２年半後に一家でアカ族のコミュニティに移り住んだ。その後，２人の子供が生まれて以降，妻は毎晩土産物を売る仕事をしている。

点線部には，インフォーマントの経験の主観的側面が表れている。ミャンマーからメーサイのＰ村に来た夫婦にとって，チェンマイに移動することには，仕事をみつけ生まれた子供を養うことができるという希望的な見通しがあった。実際，夫婦は言葉の壁に加え，別々の生活を余儀なくされても，お金を貯めることだけに集中し，２年後には家族の再統合を果たした。チェンマイのアカのコミュニティには親戚が住んでおり，そこに一家で移住することによって，土産を売る仕事をもち，家族での生活を維持する様子が読み取れる。

このライフヒストリーは，タイの観光産業に従事する山岳少数民族の置かれた複雑な状況を示している。タイの伝統文化である山岳少数民族の文化を資源とした観光の表舞台を支えているのは，「タイ国籍をもたない」うえ，「無国籍として，ときにその弱い立場を利用されるような状況で，観光産業を底辺で支えている」人々であることを，生活史法は描き出しているのである（石井香世子「国際観光システムを底辺で支えるはざまの人々――タイ山岳少数民族と観光産業」江口信清・藤巻正已編著『貧困の超克とツーリズム』明石書店，2010年，pp.291-323）。

(2)語りをもとに，ライフヒストリーを構築する

次に紹介するのは，堂下恵『里山観光の資源人類学――京都府美山町の地域振興』（新曜社，2012年）における，ライフヒストリーの記述の方法である。本

書は，⑴と同様に，ホスト社会において観光産業に従事する人々に焦点をあて，ライフヒストリーの聞き取りを行っている。以下ではインフォーマントの語りをもとに，調査者がライフヒストリーを構築し，記述した事例を紹介する。

> 若手職人の一人である○○は，北集落出身であるが，かつて地元を離れ都会でミュージシャンを目指していた。美山町に帰ってきたのも，美山なら大きな音で演奏できるというのが理由であり，ミュージシャンになるためだった。だが，「田舎で何もしない，というのは許されないので」と，地元の消防団や青年団の活動に半ば義務として加わり，そこで考えが変わったという。○○は，「ちょうど熱い人らがいる時で，いろいろ学べた」「ほんとうは美山をすごくバカにしてたけど，青年団や消防団の人たちからいろんなことを教わって，ミュージシャンになる，っていうのをやめて，北で三人いた親方の中でいちばん大きい仕事をしてはった親方に弟子入り」し，親方の元で修業して茅葺き職人になった。現在，○○は独立して屋根葺きの会社を設立し，町内外で葺き替えの事業を請け負っている。○○の会社が受けた仕事を別途独立した若手職人が手伝うことも多い。美山町出身であり若手職人のネットワークの中心にいる○○は，美山の茅葺きの将来を担う中心人物であるといえるだろう。
> （堂下 2012：149）

堂下は，○○の語りの重要な部分を切り取り，カギ括弧で提示しながら，○○のライフヒストリーを構築している。カギ括弧の発話は，インフォーマントが茅葺職人になる過程で出会い，影響を受けた地元の人々との関わりを主観的に語る部分である。○○の具体的な語りに基づき，○○が茅葺職人となった経緯を示すとともに，「美山の茅葺の将来を担う中心人物である」という当該コミュニティでの社会的地位への移行を指摘し，調査者の分析を述べている。

里山観光の民族誌におけるライフヒストリーの記述には，○○が若者らしく都会で夢を追った時期を含むその人生の過程における様々な経験や選択を経て，地元に帰還し，地域の人々と関わる中で，伝統を担う職人から事業主になり，地域を支え，美山の里山観光そのものを担う人物となる物語が描かれてい

表4－3　サンプル番号「5」，T氏の聞き取り内容

5	a) T氏，77歳，1村，b) 祖父・父・母が陶芸家であったので，自然と自分も従事するようになった。高齢のため2005年に工場を閉鎖した。目が見えないので，もう引き継ぐことができない。c) 行商人が購入に来て，販売していた。d) クレット島の住民に商売の機会を提供してくれた。お土産用の陶器は好調。

出所：清水 2010：143。

る。○○の成長の物語は，美山の里山観光の持続可能性が，地元の人間に「なる」というライフの過程に根差しているさまを示唆しているのである。

(3)ライフヒストリーからモノを読む

次に取り上げるのは，観光現象が伝統工芸品というモノに与えた影響を生活史の分析から明らかにする事例である。タイのクレット島における観光開発による伝統産業の復活について論じた清水苗穂子（2010）によると，タイの少数民族モンの伝統文化である「陶芸」は，現在でもモンの生業であるものの，伝承の危機を迎えているとされる。清水は，その「陶芸」に焦点をあて，11人の陶器職人に生活史法を用いた聞き取りを行っている。

現地でのインタビュー調査に清水が用いた質問項目は，a）名前，年齢，居住村，b）陶芸家になった背景と継承について，c）作品の販売，d）観光について，の4つに分類されており，半構造化インタビューを実施したことが見てとれる。また，調査者と調査対象者の具体的なやりとりに関する記述はない。さらに，陶器職人一人ひとりの語りを提示し分析するという方法（ナラティブ分析）ではなく，質問へ回答が項目ごとに表にまとめられている。表4－3は，1事例の抜粋である。

表は，b）陶芸家になった背景と継承について，T氏が先々代から続く陶芸家の生まれであること，d）観光については，クレット島の住民が土産物として陶器を売る機会を提供したと肯定的に捉えているさまを明らかにしている。

当研究では，ライフヒストリーの聞き取りに加え，作品の写真による陶器のデザインの分析がなされている。11人の陶器職人は，高齢層，壮年層，若年層から青年層，の3つの世代に分けられ，各世代の作品はまったく異なる特徴を

もつとされる。Ｔ氏の属する高齢層の作品は，「高い技術」や「伝統的なデザイン」，「観光用ではない」点が特徴とされる。「観光用や家庭用などの小物で，買う側のニーズにあったものを主として作成する」壮年層や，「古い形にとらわれない自由な作品で，新しい芸術性が感じられる」若年層から青年層の作品には，高齢層のもつ「高い技術」や「伝統的」といった特徴が見られない。しかしながら，観光開発が陶芸の継承の機会となり，「徐々に新しい形で復活する兆しを見せている」と結論づけている（清水 2010：141-146）。

11人の陶芸職人のライフヒストリーは，存続の危機を経験したモンの伝統産業である陶芸が，クレット島の生業として世代を重ねて継承されてきた経緯を示すとともに，観光開発によってその作品の具体的な形状の変化を経験しつつ次世代へと存続していくさまを明らかにしているのである（清水苗穂子「観光開発による伝統産業の復活――タイ・クレット島」藤本庸介編著『生きている文化遺産と観光――住民によるリビングヘリテージの継承』学芸出版社，2010年，pp.128-147）。

⑷観光のまなざしの外側にあるライフヒストリー

最後に，観光実践として文化の展示に生活史法を用いた事例の論考を紹介したい。吉本裕子（2021）は，「現代の先住民観光と博物館――アイヌ一古老のライフストーリー展示にみる観光の可能性」（『観光学評論』９号２巻，pp.179-195）において，アイヌ一古老の生活史を題材にした博物館の企画展示がツーリストに与えた影響を分析している。吉本は，自身が長年調査地としてきた二風谷アイヌ文化博物館において，『エカシの記憶を辿って～昭和のアイヌのくらし～』と題する展示の企画制作を担った。実在する一古老の生活史を展示するにあたり，従来のアイヌ展示が見落としてきた，「同化政策によって社会から消されてきた時期を含めたアイヌの生活史」を可視化することが試みられた。

伝統的な民具やアイヌ文様を施した現代工芸家の作品ではなく，当展示は，一古老が青年期に従事した山仕事の経験を，映像と道具類の展示，本人による道具の使い方の再現によって提示した。「アイヌのことではない」と本人が捉えていた和人と共通する経験を，「アイヌの物語」としてツーリストと共有したことにより，一古老は人生全体を肯定的に捉えるようになり，「失っていた

コラム4　位牌や骨壺と旅する日本人高齢者

老後の人生を海外で過ごすロングステイツーリズムを目的に，マレーシアで長期滞在する日本人高齢者の中には，位牌を持って来ている人がいる。日本の自宅は空家状態だからという人もいれば，1～2週間でも家を留守にして仏壇を放ってはおけず，生前に一緒に海外旅行することが叶わなかった母を連れて来たのだそうだ。また，退職者向けのビザを持つ移住者の中には，「いつ死んでもいいように」自分の遺骨を入れる骨壺を日本から持って来ている人もいる。万一の場合，妻と日本に無事帰国するための旅支度まで，高齢者のスーツケースの中には，「死後を生きる日常」のありようが見てとれる。

葬送儀礼や祖先祭祀に関わるモノが照らし出すのは，「亡き母の孝行旅」や「旅する遺骨」の風景であり，死してなお人は旅する生きモノでありツーリズム・ライフヒストリーを「語る」主体であることなのである。

尊厳を徐々に回復していった」と吉本は論じる。さらに，ツーリストは「アイヌを身近な他者と捉えて理解し，自己を顧みる契機にもなった」と指摘する。

アイヌ観光における文化継承のストーリーの外側に置かれてきたアイヌ一古老の日常を生活史法によって描き，観光実践に応用することにより，従来の支配的なアイヌ像を揺さぶり，オルタナティブなアイヌの姿を提示することが可能となった。当事例は，生活史法がツーリズムリサーチの方法論にとどまらず，モノに埋め込まれたライフを描き出すことによって，新たな観光のまなざしを創出することができることを指し示しているのである。

ブックレビュー

大野哲也『旅を生きる人びと——バックパッカーの人類学』（世界思想社，2012年）は，バックパッカーである筆者の自分史に始まり，筆者がフィールドワークで出会った様々なタイプのバックパッカーと，ホスト社会の人々のライフヒストリーを，丁寧に描いている。

（小野真由美）

第５章
アクションリサーチ
――社会的現実に介入する――

アクションリサーチは，社会が抱える様々な問題を，調査者が社会の様々な立場の人たちと一緒に解決しようとして，行動（アクション）を起こしていくプロセスにおいてデータが積み上がり，それをもとに考察を行う調査法である。それは，社会に横たわっている諸問題を解決することを目指して，この社会の現実を変革しようとするものである。その点で，研究だけにとどまらず，実践も伴った調査法だといえる。したがって，アクションリサーチは（本書では「第Ⅰ部　質的リサーチとは何か」に含めてはいるが），質的リサーチはもちろん量的リサーチもあわせたマルチメソッド・リサーチ（多様な方法を援用したリサーチ）になり得る特徴をもっている。

1　社会調査における〈科学主義〉

ウォルター・ワラスによれば，私たちがある事柄を「真理」であると述べる際には４つの方法があるという。

> 経験的言明を生み出し，その真偽を検証する方法は，少なくとも四つあり，それらは，「権威主義的」「神秘的」「論理－合理的」「科学的」方法である。これらの間の主な区別は，真理であるといわれている言明の生産者（すなわち，誰がそう言うのかと問うこと）や，その言明が生み出される手続き（すなわち，どのようにして知るのかと問うこと），そして，その言明の結果（すなわち，それがどんな違いを生み出すのかと問うこと）に対して，どのようにして信頼を与えるかである。
> （ワラス 2018：４）

「権威主義的方法」とは，年長者，政治家，教授といった知を正当化してくれる人々の言葉に頼りつつ「真」であることを主張する方法であり，「神秘的方法」とは，預言者や神といった存在を信じることで「真理」を形成していく方法である。また「論理－合理的方法」とは，論理的な手続きにのっとって言葉が述べられているか否かで「真」であることを判定していく方法である。最後に「科学的方法」とは，調査や観察が「真」であることの重要な根拠となるものである。

この区分からすると，社会調査は「科学的方法」に分類される。そういった考え方を，ここでは〈科学主義〉と呼ぶことにしよう。こうした〈科学主義〉は以下のような点を重視している（土田 1994：1－5）。

第1に，現実・現象を「説明」できるということである。つまり「なぜ」という問いに対する根拠や理由を明瞭にできなくてはならないのである。もちろんたんに「なぜ」という問いに対する根拠や理由を明瞭するだけではなく，(1)その説明自体に矛盾が含まれていてはならず（内的妥当性），(2)説明と現実が食い違っておらず（外的妥当性），(3)測定するたびに同じ結果が得られるものでなくてはならない（信頼性）のである。

第2に，現実・現象を「予測」できるということを必要とする。「なぜ」という問いに対する根拠や理由を用いて予測を立てた場合に，その予測が一定の確率で的中しなくてはならないとされているのだ。

第3に，現実，現象を「操作（コントロール）」できることが重視されている。科学的真実であるためには，その説明から導かれてきた予測に基づいて，現実・現象を操作（コントロール）できなくてはならないとされているのである。

第4に，以上のような「説明」「予測」「操作」が，すべて言語で表現されていることが必要とされる。科学的に真実であるためには，それが言語で表現されていなければならない。科学の世界では，真実はすべて言語で表現されている必要があるのだ。逆に言えば，言語で表現されていない現象は科学では取り扱えないということになる。

〈科学主義〉は以上の点を重視しながら，社会調査を「科学的」であると主張する。そして〈科学主義〉においては，調査者は中立的な立場にたって客観的に社会現象や社会的現実を見つめていくことが可能であるし，またそうすべきだとされてきたのである。

2 〈科学主義〉を超えて

しかしながら，社会調査ははたして，〈科学主義〉が考えるようなものなのであろうか。こうした問いが近年，様々に投げかけられている。

たとえば社会学者の盛山和夫は「説明と物語――社会調査は何をめざすべきか」という論文において，質問紙調査等の量的な調査であれ，インタビューや参与観察といった質的な調査であれ，社会調査の目的は社会現象や社会的現実をできるだけ正確に観察し写しとることにあるのではないと主張する。そうではなく社会調査は実は，なんらかの「物語」を織りあげているにすぎないのだと言う。

盛山は「物語」を，「時間に沿って生起していく様々な出来事（事象）が，意味的に関連あるような仕方で配置され陳述されることによって，ある世界を有意味で秩序あるものとして見せていくような語り」だと定義する（盛山 2005：12）。そのうえで社会調査もまた，社会現象や社会的現実を「意味的に関連あるような仕方で配置」し，「有意味で秩序あるものとして見せていく」ために行われる「語り」にほかならないと主張する。

盛山は，E. デュルケームの『自殺論』を例に挙げているが，これはよく知られているように，「19世紀のヨーロッパ各地の自殺統計データを駆使して，自己本位的自殺，集団本位的自殺，アノミー的自殺などの概念を提示し，自殺というきわめて個人的で私的ともいえる現象の背後に，集合精神という社会的なものを発見したとされる研究である」（盛山 2004：4）。

しかし『自殺論』を注意深く読んでいくならば，統計データを処理し観察する際にも，決して中立的で客観的な立場で行われているのではなく，「自殺というきわめて個人的で私的ともいえる現象の背後に，集合精神という社会的なものが存在する」というデュルケーム自身の語り口調が最初から色濃く貫かれていることに気づくであろう。それはまさに，観察という形式をとった「物語」にほかならないのではないか（コラム5参照）。

コラム5　デュルケーム『自殺論』

自殺という行為は，人が，最後の最後に選択する行為のひとつであり，そうした行為に走るわけくらい，自分が一番よく分かっているはずだと思っているかもしれない。でも，そうではないとしたら？　もしかすると，その人が気づいてもいない，ある状況が関係しているとしたら？

そんなことを考えたフランスの社会学者がいる。その人の名前は，エミール・デュルケームという。20世紀初め頃に社会学が学問としての地位を確立させていったとき，社会学の世界をリードした一人で，彼は，『自殺論』（私は大学に入って初めてタイトルを聞いたとき，「なんという恐ろしげなタイトルなのか」と思った）という本で，そんなことを考えた。そこで，彼は様々な統計データを調べて，自殺率との関係を探る。すると自殺という行為の背後に，社会的な要因が潜んでいることが分かってきたのである。

このように考えてくると，社会調査は社会現象や社会的現実を客観的に写しとる「透明な鏡」ではなく，それ自体がある位相のリアリティを生み出してしまうものなのであるといえる。それは，〈科学主義〉が想定した社会調査の姿とは異なるものではないか。

社会学者の桜井厚も社会調査に対する立場を「実証主義」「解釈的客観主義」「対話的構築主義」の３つに分類し，こうした問いを投げかけている。桜井が言う「実証主義」とは，本章が述べる〈科学主義〉に近い立場である。こうした立場に立てば，社会現象や社会的現実を「透明な鏡」のごとく中立的・客観的に正確に写しとることが，社会調査や観察の目的となる。

また「解釈的客観主義」とは，人々の語る解釈を重ねていくことで，できるだけ客観的な「事実」に到達しようとする立場である。たとえばインタビューなどで地域の商店街で暮らしてきた人々の想いを聞きとったとしても，人々が語ることには微妙なズレが存在する。そのままでは，地域の商店街の姿を客観的に再現することはできない。そこで，できるだけ多くの人々にインタビューを重ねることで，ある共通した人々の語りを見つけ出していき，そこから地域の商店街の姿を浮彫りにしていこうとする立場が「解釈的客観主義」である。

しかし桜井は，これらに対して「対話的構築主義」という立場を主張し，私たち調査者が社会現象や社会的現実から距離をとって，中立的・客観的に観察することなど不可能だという。たとえばインタビューにおいても，私たちは調査対象者たちと関わることで，彼らに影響を与えたり，彼らから影響を与えられていたりする。そうした中でインタビューは行われるのだとすれば，すでにそれは中立的・客観的なデータというよりも，調査者が調査対象者との共犯関係の中で構築したものであると言わねばならない。桜井は，その点についてより自覚的に調査を行うべきだと主張するのである。

3　介入する社会調査——アクションリサーチ

観察者は，決して中立的・客観的な立場から調査を展開するわけではない。調査にあっては，観察者自身の語り口調が色濃く貫かれており，その意味で社会調査とは，なんらかの「物語」を織りあげているにすぎない。そのため社会調査においては，誰が，どの視点から，何のために，いつ，どこで，いかに語るのかといった「語り方」あるいは「解釈の仕方」を問うことがつねに要求される。

それだけではない。調査者は社会現象や社会的現実から超越したポジションに立脚することは決してできないため，彼らは調査対象者との共犯関係の中でデータを構築していく（対話的構築主義）。

このように社会調査は，社会現象や社会的現実を正確に観察し写しとるものでは決してないのである。社会調査に対するこうした考え方を踏まえつつ，これらをさらに進め，「介入する社会調査」とも呼ぶべきリサーチメソッドがあることを以下で述べていこう。それは，アクションリサーチというものである。アクションリサーチは，社会が抱える様々な問題（たとえば「まちづくり」の諸問題）を，調査者が社会の様々な立場の人たちと一緒に解決しようとして，行動（アクション）を起こしていくプロセスにおいてデータが積み上がり，それをもとに考察を行う調査法である。

アクションリサーチは,「社会的現実に対する介入」を積極的に行う。これまで社会調査では,調査対象となった社会的現実に介入し,社会の現実を変容させてしまうことは厳しく禁じられてきた。しかし調査者は,社会と無関係に存在しているわけではない。そうだとするなら,調査者はむしろ社会に対して責任を負い,それら社会的現実への介入を積極的に行っていくべきではないだろうか。調査という営みを通して社会的現実を変容させていくことについて,より真剣に考えていくべきではないか。

このように「社会的現実に対する介入」を積極的に行っていこうとする調査のあり方が,アクションリサーチなのである。アクションリサーチは,社会心理学者クルト・レヴィンが体系づけて提唱したものであるとされる。レヴィンは,集団における人々の思考や行動を研究するグループ・ダイナミクスの分野で人種差別を考察する際に,アクションリサーチをワークショップで取り入れたのである。

アクションリサーチは,以下のようなステップをふまえながら行われていく。

(1)目的の設定：まず,アクションリサーチに関わる人々全員で,目的を確認する。
(2)現状の把握：次に,現状がどのようになっているのかを把握するために調査を行う。
(3)分析や診断：現状や問題の原因は何であるのかを考える。
(4)アクションの計画：その結果に基づいて,どのようなアクションを起こしていくべきなのかを考える。
(5)アクションの実行：実際にアクションを起こす。
(6)アクションの評価：アクションを実際に起こした結果,どのような効果や影響があったのかを検証する。
(7)調査結果の公表：調査結果を公表する。

そうしてアクションを実際に起こした結果を検証することで,新たに現状や問題の原因に関する分析や診断を深め，アクションをさらに改善していくのである。

4　アクションリサーチを用いた具体例

では観光研究のアクションリサーチとして，どのような具体例があるだろうか。以下では，筆者が行ってきた「親子で楽しむデッサン能」という地域づくり活動における調査をみていこう。

「親子で楽しむデッサン能」とは，毎年８月に行われている，奈良県内にあるまちづくりNPO団体「宙塾（おおぞらじゅく）」が主催する地域づくり活動である。これは，能にゆかりの地を訪ね，能を素描的に（デッサン風に）興味をひくような部分を選んで楽しむというツアーである。このツアーは，観光という形態を通して，奈良県において根づいてきた文化的伝統を伝え残していくことを目的としていた（目的の設定）。

しかしながら現状ではそうしたことを実現するための観光がほとんど実施されていないという「現状の把握」がなされていた。そのもとで，ではどのようなツアーを企画していけばよいのか何度か議論を繰り返しながら（分析や診断），ツアーを立案していったのである（アクションの計画）。そうして，このツアーの実現に至ったのである（アクションの実行）。

ツアーは午前10時頃に，奈良県春日大社の「一の鳥居」という場所に集合するところから始まる（図５-１）。全員集まった後，能にゆかりの地を訪問していく。ツアー地に組み込まれたのは，「影向（ようごう）の松」「お旅所」「春日大社」等である。「影向の松」は能舞台の背景によく描かれている松のモデルだとされているもので，今は古い松の切り株しか残っていない。「お旅所」は，能を春日大社に奉納する舞台となっている場所で，芝が一面に広がっており，この芝の上で居て能を観ることから「芝居」という言葉がつくられたと言われることもある（図５-２）。ここは，普段は木の柵で閉ざされており，その柵を「埒（らち）」と言い，そこから「埒があかない」という言葉が用いられるようになったと，春日大社の宮司から聞く（ただし，上に記したことには諸説ある）。

図5－1　奈良県春日大社の「一の鳥居」前に集合する人たち
出所：筆者撮影（2004年11月21日撮影）。

図5－2　「親子で楽しむデッサン能」で訪れる「お旅所」
出所：筆者撮影（2004年11月21日撮影）。

このように奈良という地域が能と非常にゆかりが深いことについて学びながら，地域の良さを発見していく。昼食後は，能楽者から能の話を聞き，能体験をしつつ，演目について興味深い箇所だけをピックアップし鑑賞する。これらがすべて終了した後，奈良の魅力を語るワークショップが行われる(図5－3)。

この最後のワークショップにおいて，今回のツアーで楽しかった点や良かった点，さらには奈良という地域が今後進むべき方向性などについて質問される(アクションの評価)。その際，調査者は調査対象者であるツアー参加者と積極的にコミュニケーションをはかり，能を鑑賞するポイントや奈良という地域を楽しむポイントについて語りかけいく。そうすることで奈良という地域を，いかにして守り育てていくべきなのかという問題意識を調査対象者に明確にしてもらおうとしたのである。

そのことを通して，彼らの意見を積極的に今後のまちづくり活動に反映させていこうと考えていた（アクションの改善)。こうして，まちづくりの「社会的現実に対する介入」を行い，地域づくり活動を育成するための中核として，調査という営みを位置づけ，調査研究にとどまらず実践的にも社会的現実と関わろうとしていたのである。

このようにアクションリサーチでは，調査者は，中立的・客観的に社会現象や社会的現実を観察するのではなく，社会の多様な人々と一緒になって社会的

図5-3　「親子で楽しむデッサン能」におけるワークショップ風景

出所：筆者撮影（2004年11月21日撮影）。

現実を積極的に変えていこうとする。その意味で調査は，調査をする人だけのものではなく，社会の共有財産となっていくべきものなのである。

ブックレビュー

まず本章において取り上げた文献は以下の通りである。〈科学主義〉的な調査観については，ウォルター・ワラス『科学論理の社会学――「ワラスの輪」というモデル』（ミネルヴァ書房，2018年）と，土田昭司『社会調査のためのデータ分析入門――実証科学への招待』（有斐閣，1994年）が重要であろう。

これらに対して，盛山和夫『社会調査法入門』（有斐閣，2004年）および「説明と物語――社会調査は何をめざすべきか」（『先端社会研究』第2号，pp. 1-25，2005年）や，桜井厚『インタビューの社会学――ライフストーリーの聞き方』（せりか書房，2002年），好井裕明『「あたりまえ」を疑う社会学――質的調査のセンス』（光文社新書，2006年）は異なる調査観を論じている。こちらも重要なので，ぜひ一読してもらいたい。

またアクションリサーチについては，中村和彦「アクションリサーチとは何か？」（『人間関係研究（南山大学人間関係研究センター紀要）』7号，pp. 1-25，2008年）も参照した。この他にアクションリサーチに関しては，以下のような書籍も参考になる。

ひとつはランディ・ストッカー『コミュニティを変えるアクションリサーチ――

参加型調査の実践手法』（ミネルヴァ書房，2023年）である。もうひとつは，デヴィッド・J・グリーンウッド＆モルテン・レヴィン『アクションリサーチ入門――社会変化のための社会調査』（新曜社，2023年）である。

（遠藤英樹）

第6章
KJ 法
——野外科学からの発想法——

皆さんはKJ法という名前を聞いたことがあるだろうか。これは地理学者であり文化人類学者の川喜田二郎によって考案された，データを創造的に統合し，新しい発想を生み出すための方法である。彼のイニシャルにちなんで1965年に命名されたこの方法は，『発想法』（1967）や『続・発想法』（1970）といった書籍を通じて，学術界ばかりでなく，広く社会的に知られ活用されることになった。こうしたなかでKJ法は，日本において最も有名であり重要な役割を果たしたと考えられる発想法となっている。

このKJ法は，川喜田が自身の専門領域とする野外科学における研究調査から発想したものである。そこで本章では，KJ法と呼ばれる発想法について，彼の野外科学の探究から紐解くなかで，その特徴を論じていくこととする。また，具体的な技術とともに，関連する思想についても解説することで，そのより深い理解に繋げたい。そして最後に，KJ法の観光研究における活用のあり方についても端的に示すことにする。

1　野外科学を探究する——KJ法という発想法の誕生

科学というものの分けかたはいろいろできると思うが，一つの分けかたとして，科学は次の三つに大別することが重要である。それは書斎科学，実験科学，および野外科学という言葉で呼ぶのがふさわしいであろう。そして，私の意味する発想法は，この野外科学の方法とひじょうに関係が深いのである。
（川喜田 1967：6）

川喜田は，著書『発想法』（1967）において，KJ法という彼が創り出した発想法が，野外科学の方法と密接に関係していることを指摘している。この野外科学とは，科学を三分類で考える彼独自の用語である。冒頭の引用でまず紹介されている書斎科学とは，最も古くから発達したもので，古典とされる文献に依存するものであり，頭の中で推論することに重きを置くものだという。そして実験科学とは，西欧社会の近代化とともに始まった，現実の観察に基づく経験科学的なものであり，科学の主流として社会的に信頼を得るに至ったとされる。そして野外科学とは，観察と経験を重視する点においては実験科学と同じだが，実験室ではなく野外で行う科学だというのである。

野外科学の特徴として川喜田がとりわけ主張するのが，実験科学との違いである。彼は観察対象を，人間を含むものとして広い意味で「自然」と呼び，実験科学と野外科学にいくつもの対照性があることを論じている。『発想法』(1967) における指摘をまとめると次のようになる。実験科学における自然は，閉鎖的な実験室内において人工的に創り出され，制御されたものであり，要素化が容易で，判っている捜し物を探索するものである。一方の野外科学における自然は，開放的な屋外にあるありのままのもので，統制ができず，要素化が困難で，何が必要か分からないなかで探検するものである。また，実験科学は，測定可能で単純な自然を観測し分析的に研究するもので，反復的・非個性的な観察対象を取り扱う法則追求的なものであるが，野外科学は，測定不能で複雑な自然を叙述的・描写的に観察し総合的に研究するもので，一回性的・個性的なものを対象とする個性把握的なものである。

そして同書で川喜田は，実験科学は仮説検証的であり，野外科学はその仮説をどう思いつけばよいかという仮説発想的なものであるとして，発想法と野外科学が密接に結びつくことを指摘している。この点について彼は，科学的研究において必要と考えられる手続きをW型の図解で示しているが，ここではその内容を一続きの文章で簡潔に紹介することにしたい。すなわち，科学的研究には，(1)頭の中で問題を提起し，(2)その問題に関係がありそうな情報を探検しに行き，(3)個々の現象が観察・記録され，(4)集めた情報をなんらかの形でまとめていくなかで仮説が作り出され，(5)仮説から推論を展開し，(6)現実が推論通りになっているかをテストするために実験計画が立案され，(7)それに従い観察・記録がなされ，(8)このデータに基づき仮説が検証されて，(9)結論に至る，という過程があるのである。彼はこの一連の流れを先の3つの科学にあてはめ，書斎科学は(1)の問題提起の次に(5)の推論を行い(9)の結論に思考レヴェルで到達するものであり，実験科学は仮説を経験レヴェルの観察から検証するという(5)から(9)を主としており，野外科学は前半の(1)から(4)の仮説をつくり出すまでに重点があるとする。そして野外科学における(4)を「発想」の過程であるとし，その仮説発想的方法を探究したのである。

川喜田の問題意識には，自身の専門とする地理学や文化人類学をはじめとする野外科学において，その方法が自覚的・体系的に行使されてきたわけではなく，いわば名人芸的に使われてきた，ということがある。こうしたなかで，野外科学の方法論を確立することができるならば，書斎科学と実験科学の方法とあいまって，科学がバランスをもった姿を呈することができるというのである（川喜田 1967：21）。そして彼は，自身の研究・調査の経験をふまえ，KJ法と呼ばれる野外科学における方法を考案した。それは，(4)の過程における川喜田が考えた発想法であるが，より広義には上述の(1)から(4)の野外科学に関わる研究方法全体を指している。KJ法とは野外科学の方法であり，とりわけその核となるのが発想のための方法なのである。

2　データを集める――KJ法とフィールドワーク

具体的にKJ法の説明に入っていくことにしよう。KJ法については，上述の(4)にあたる発想法の部分が核となるが，川喜田の書籍・論文においては(1)から(3)の方法についての説明はセットとなり，またこちらから解説される場合が多い。なぜならより良いKJ法を行うにあたっては，すぐれたデータの収集が必要だからであり，また研究の過程としてもこちらが先行するからである。そこでまず本節では，広義のKJ法に含まれる(1)から(3)の方法，すなわちフィールドワークの方法に関する部分について紹介したい。

なお，KJ法に関しては彼の著した様々な書籍・論文で説明されているが，再検討がなされて次第に方法や解説のあり方が変化している。こうしたなかで本節では，KJ法の骨子が最初に世に広く示された，先の『発想法』（1967）に書かれたものを基軸とし，適宜，後になされた方法・説明を紹介することにする。

野外の調査地（フィールド）でまずなすべきことは，(2)の「探検」であり，(3)の「観察」と「記録」が続く。ただ川喜田は，(1)の頭の中における問題提起の段階で既に探検を始める必要があるという。問題というものは，理性的・自覚的に捉えられるより前に，それを「感じる」という段階が先行していることが普通だからである。そのため，問題と感じたことに関係のありそうなことがらを列挙し，それを組み立てる過程を経て，追求すべき問題が浮かび上がってくるという。そして，この関係のありそうな情報を探すことを，彼は「探検」と呼んでいる。探検とは，はじめから「関係のある」と理性的に見当がついている情報を求める「探索」とは対比されるもので，「関係がありそう」と感じるものを探す営みとされる。

こうして，(1)の問題提起は既に(2)の探検の過程に入っているが，さらにそれは，野外での探検へと移っていくことになる。その際の方法を川喜田はいくつか提起しているが，それは後の『続・発想法』（1970）において5つの注意点として整理され，さらにKJ法について包括的にとりまとめた『KJ法』（1986）で「探検の五原則」として示されている。1つ目は「360度の視角から」という原則である。これは『発想法』（1967）において既に強調されていたもので，仮説に示された限られた視角から情報を集める実験科学とは異なる，野外科学的方法の特徴とされる。2つ目に挙げられるのが，「飛び石伝いに」というもので，先が明確に見通せない探検において，探検先で得た情報をもとにさらに別の場所へ探検するなかで，調査の範囲を広げていくという方法である。3つ目は「ハプニングを逸せず」で，計画的に求めたわけでない偶然に得た情報を見逃さない，ということの重要性の意義を説くものである。また4つ目に「なんだか気にかかることを」という点について述べ，関係がありそうと感じるものを探すという，探検における情報収集の特徴を指し示す。そして，最後の5つ目は「定性的に捉えよ」であり，これも『発想法』（1967）から強調されている実験科学との違いである。野外科学の方法では，実験科学のように数少ない事項を定量的に集めるのではなく，定量にとらわれず多角的に多様な情報を定性的に把握することが重要だというのである。まとめると,「360度の視角から,飛び石伝いに,ハプニングを逸せず,なんだか気にかかることを,定性的に捉えよ」,というのが川喜田の述べる探検の原則である。

次に,こうした探検を通じて出会う様々な現象を,観察・記録するという(3)の過程に入っていく。ここで彼が特に強調するのは,「とき」「ところ」「出所」「採集記録者」というデータに必要な4条件である。そしてこれが記されていなければ,それは科学的に扱う資料たりえないと彼は述べている(川喜田1967)。この4つの記載があることの利点について,『KJ法』(1986)において,データ作成時の状況をよく感じられるようになること,そのためデータの理解に間違いが少なくなること,データの追認・追加調査のためのヒントが得られること,状況把握や信頼性のうえで他人のデータを使いやすくなること,などが挙げられている。なお,事実を観察・記録したデータには,そこになんらかの方法手段が介在するなかで,誤りは多少なりとも入ってくるという重要な指摘もなされている。そのため,データは事実とは異なるという謙虚な態度こそが科学的というにふさわしいとされる(川喜田1986)。

探検によって得られるデータは,現地で野帳(フィールドノート)と呼ばれる手帳に記載されることが多い。川喜田も現地で野帳に記録をとっていたが,その量が増えてくると,どこに何が書いてあるのか検索に困るという問題が出てきたという。そのため彼はデータをカードに転記して,それを分類する手法を探究していく。このように作成されるデータカードをなんらかの方式で分類することで,雑多な情報が整理されるのである。川喜田は,1950年代に行った合同調査でこの手法を活用したが,その結果,大きな壁に気づいたのだという。分類というのはデータを同質性に基づいて仕分けることで,欲しいデータを効率良く探し出し,要約して分析することはできるが,それだけでは多様なデータをうまく「まとめる」ことはできない。すなわち,分類を通じて平板な報告や仮説検証型の論文は書くことができるが,それだけでは,全然性質が違うデータの組み合わせから意味を見出し,創造的な論文をまとめることができない,というのである(川喜田1996:359-392)。

3　データを創造的に統合する――KJ 法の技術

こうしたなかで川喜田は，異質なデータを統合するための新しい方法を探究していった。そして彼は，1950年代の野外調査の経験を通じて，データをたんに枚挙するのではなく，なんらかの構造のあるものに組み立てる方法を創り出していく。それはどこかから借りてきた理論や仮説，思いつきや希望的観測といったものでデータをまとめるのではなく，「データをして語らしめる」なかで創造的な統合を目指すものである（川喜田 1967；1986）。1965年に KJ 法と名付けられたこの方法は，(4)で示した，集めた情報をまとめていくなかで仮説を発想するための方法である。そしてその具体的な方法は，『続・発想法』（1970）で明確かつ詳細に示されている。以下では，同書における説明をもとに，その基本となる一巡の工程である，「紙きれづくり」「グループ編成」「A 型図解」「B 型文章化」という 4 つのステップについて概説したい。

まず「紙きれづくり」は，収集したデータから，そのエッセンスを記した紙きれをつくるステップである。データが書かれたカードには，データ本体（本文および図や写真）と，「とき」「ところ」「出所」「採集記録者」の 4 項目が記載されている。そして内容のエッセンスを要約して「一行見出し」を書いておき，基本的にはそれが 1 枚の紙きれに転記される。また，原資料のカードには通し番号をつけ，それも紙きれに記しておけば，両者を照合する際に役立つという。さらに，カードが多い場合には，目的に応じてそれを分類しておいた方が探し出すことが容易であり，その分類番号もカードに記していた方がいいとされる。なお，このように原資料となるカードをもとにせず，会議・討論の場の発言や現場での観察事項などのエッセンスを，紙きれに直接書き込むという方法も示されている。

次の「グループ編成」は，さらに細かく 2 つのステップに分けられる。最初に行うのが「紙きれ集め」であり，そのためにまずすべての紙きれを，机などの上に自分から見やすい向きに，正月のカルタ取りのように並べる。その際に，通し番号順など，特定の秩序で並べることがないように心がける。そして広げられた紙きれをいろいろな順番で眺め，なにかしら親しいと感じる紙きれを同じ場所に集める。この際の注意事項として強調されるのが，理屈で考える「理性」ではなく「感じる」という「情念」を優先させることである。そのため，大分けをしてから小分けをすることは，先にある自分の分類の枠を当てはめているだけであり，新しいものが出てこないあり方として否定される。そうではなく，紙きれの声を聞き，その要求に従って，小分けから大分けにグループが段階的に編成されることが求められる。なお，この小グループは，理性ではなく情念を優先させて集めると５枚程度までであり，また１枚のみで孤立した紙きれも無理矢理どこかのグループに組みこまないのが肝要とされている。

「グループ編成」の次なるステップは，「表札づくり」である。まず，特定の小グループを構成する紙切れを熟読し，その集まりがもっともであると感じられるか否かを自身に問う。そして，そう感じられたら，「集合がもとめている中核的ななにものかを，適切につかみとること」を通じて，その「エッセンスをとらえた一行見出し」（川喜田 1970：68）を作成する。次にこれを記した紙きれを新たにつくり，小グループの「表札」として一番上に重ね，一群の紙切れを輪ゴムなどでまとめるのである。こうした作業を，枚数の多いグループから，集まりに疑問を感じる紙きれを外したり，より小さな集まりに解体したりするなかで進めていき，どこにも属さない紙きれがあってもそのままにしておく。そしてこれが終了すると，表札があるものはそれだけを見て同様の作業を行い，第２段階のグループをつくって，それにも次の段階の表札をつける。これを何段階も実施してグループの数を減じていき，最終的には10以内とする。

第３ステップの「A 型図解」も，さらに細かく２つのステップに分けられる。まず行われるのが「空間配置」である。川喜田は，「人間には十以内ぐらいの異なる要素ならば，これを直感的にまとめ，もしくはそこから何か見抜く力があるらしい」（川喜田 1970：79）と述べ，最後にまとめた10以内となった紙切れのグループを空間配置することで，それぞれの関係を読み解くことを提起する。紙切れの束をふたたび机の上などにばらまき，最上部の表札に書かれた一行見出しを見ながら，どのような相互関係で配置すれば，「もっとも意味が首尾一貫した，おちつきのよい構図ができるか」（川喜田 1970：79）を探すのである。そしてこの空間配置を終えたら，各グループの中身を構成する一次元低いグループを取り出し，そこでもう一度，最上位のグループの範囲内で空間配置を実施する。このように，二段展開，さらには三段展開を行うなかで，複雑な相互関係を適切に空間配置で示し，多重多角的な構造化を行っていくのである。

「A 型図解」で次に実施するのが「図解化」である。こうした空間配置を，模造紙などのペン等で書き込みできるものの上で実施し，グループを輪取りし，その近くに表札を置くか内容を書き記す。これを小グループから大グループへと順に行い，続いて，輪取り同士，紙きれ同士，さらには輪取りと紙きれの関係を，実線や矢印などで表現する。こうして，空間的な配置がなされた紙きれの関係が，図として明瞭に描かれるようになるのである。なお，一枚の模造紙に展開する紙きれの数は，大局を捉えるという観点から，数十枚程度に抑えていることが望ましく，約百枚を超える場合は，大枠の図解と細部の図解を別紙にした方がいいと指摘されている。そして，この図解にタイトルをつけるとともに，注記として，時，所，出所，作製者，その他の注意事項を加えるのである。

次いで最後になされるのが，「B 型文章化」であり，上記の A 型図解までで満足せず，このステップに必ず進むことが求められている。A 型図解ができると，混沌としていたデータが秩序づけられ，全体構造が把握できるようになる。しかしながらこの段階では，各要素間の結びつきの理解が曖昧である。A 型図解の甘さを見破り，われわれの思考をさらに鍛え，新しいものを摑み取るために，B 型文章化が必要とされる，というのである。この文章化は，A 型図解をふまえて行うものであり，「『このあたりから始めよう』と思う」（川喜田 1970：100）グループのうち，最小単位のものに注目する。川喜田は，最小単位の 1 から 3 のグループが，同時に考慮することができる，複雑すぎない程度の複雑さなのだと指摘する。そして，この注目したグループから文章化を進め，原則として図解の隣接する地区へと進んでいく。それにより，各グループから得られるヒント・アイディアの間に相互に深い干渉作用が早く働き，効率的に深く洞察できるのだとされる。そしてこの文章化を通じて，とりわけ対立・矛盾があるような難しい箇所に取り組むなかで，生産的な弁証法的発展がなされ，新しいアイディアが生み出される，というのである。なお，文章化にあたっては，データについての客観的な叙述と，主観的な解釈の入ったアイディアは区別できるように記すことが必要であることも指摘されている。そうすれば，主観的な解釈を文章に入れることができるとともに，それを他者が読んで生産的に批判することが可能となるのである。

4　間について考える——KJ法の思想

川喜田は，KJ法は技術から思想まで連続しており，技術と思想のどちらから入ってもよいが，これらがともに必要であると述べている（川喜田 1986：440-442）。すなわち，KJ法について理解するためには，前節で概説した技術的側面ばかりでなく，思想にも注目することが求められるのである。このKJ法の思想については，特に『KJ法』（1986）の「思想としてのKJ法」の章で詳細にまとめられている。ここでは，多岐にわたるその内容を網羅することはできないため，KJ法について理解するために特に重要と考えられる思想について，簡単に論じることにしたい。

本章第1節において，川喜田が野外科学について実験科学との違いを強調して論じていたことを紹介したが，ここに彼の思想の大きなポイントがある。たとえば『KJ法』（1986）の序章において，「既成概念や通念や思い込みや願望によって，現実を不自然に切り刻んで操作しようとする迷妄が，なんと大手を振ってまかり通っていることか」と批判し，こうしたものを「アテハメ主義」や「アテハメ思想」と呼んでいる（川喜田 1986：12）。こうした観点でいけば，仮説検証的とされる実験科学は，仮説によってアテハメを行おうとするものであり，野外科学であるKJ法においては，それと対比される道が志向されるといえよう。たとえば，グループ編成における紙きれ集めにあたっても，「自分の分類の枠を紙きれの群れに課すような」あり方，すなわち「理性で考える」という方法ではなく，「感じる」ということを重視して「情念で考える」ことが提起されている（川喜田 1970：59）。KJ法を表現するものとして，「データをして語らしめる」や「混沌をして語らしめる」というものがあるが，まさにそれらは，理性に基づくアテハメとは異なる道を探究する思想を前景化したものであるといえよう。

ただし川喜田は，二元論的発想に基づき，たんに一方を批判し，他方を賞賛しているのではない。たとえば，アテハメ主義の問題点を説く一方で，アテハメそのものは有効な場合があることを彼は指摘している（川喜田 1986：12-13)。実験科学が有効な場合もあるのであり，川喜田が求めるのは等閑視されている野外科学への注目と，その方法の確立である。『発想法』(1967）において，「完全な科学の全課程」には，書斎科学・実験科学・野外科学の「三方法が関連的に首尾一貫して必要」（川喜田 1967：23）であると述べているように，それぞれの考え・方法の重要性を認めたうえで，相対的に検討が進んでおらず方法が未確立の野外科学を探究したのであり，それと関連する様々な特徴の意義を主張したのである。

こうした観点でいえば，川喜田の思想には，「間について考える」というポイントがあることが見えてくる。たとえば彼は，KJ 法における個々の紙きれ（後に「ラベル」と表現を変更）と全体との出来上がった作品（図解や文章化）との関係で，「個々のラベルが先にあるのでもなく，それらをまとめた全体が常に先にあるのでもない」とし，「個と全体との間に仕切り壁はない」と述べている（川喜田 1986：478)。「個即全」「全即個」とも表現されるこうした考えは，対極的に捉えられる観点の「間」への関心へと結びついている。彼は，「KJ 法の各ステップを注意してみると，あるステップが全部個と全のにらみ合わせの往復作業」だと述べており（川喜田・岩田 1975：80)，「個」と「全」の「間」における一方向的でない「往復」に言及している。そしてこの中間の往復のあり方において注目されるのは，矛盾や葛藤である。彼は「創造的行為には，最も根本において矛盾葛藤の胚種が宿っている」とし，それと KJ 法に関しては，「元ラベルに語らせて全体を統合する作業において，われわれはウンウン唸って心の汗を流すこと」がそれにあたるという（川喜田 1986：466)。KJ 法というデータの統合による発想法の創造性は，個と全の間における矛盾や葛藤を克服しようとする行為によって生み出されるというのである。

こうした KJ 法における間の問題について，先述の理性と情念について再度考えると，そこには単純な往復ではない様相が浮かび上がってくる。川喜田は，『続・発想法』(1970) の「KJ法における理性と情念」という項目で，「紙きれ集めの段階では，理性にさきんじて情念が活躍する必要がある」(川喜田 1970：72) と述べる。そして，表札作りにおいて，その集まりがもっともであると感じられるかを自身に問うにあたり，「より理性的にチェックしなおす」(川喜田 1970：72) のだという。その後，それを一行見出しとして言葉とする際に，さらに理性を働かせるのである。彼は，KJ法の作業のほとんどの段階で，理論的思考，亜理論的思考，無理論的思考の三種の思考力を併用していると論じている (川喜田 1986：454-455)。ただし，そこに行使の順序があるかもしれないと述べ，表札づくりにおいて，最初ほど理論的でない思考をしており，完成に近づくほど理論的思考に移行している，と指摘する。これはより全体的に見たときも同様である。探検の段階では，情念が前景化するし，B型文章化は理性が重要となる。KJ法とは，対立的な観点の往復運動であるとともに，その過程において，より「原始的な思考」(川喜田 1986：456) が先にある。川喜田は，この思考の鍛錬を怠っていることが現代の欠陥であると述べ，「われわれはもっと野性の復権を心がけるべきではないか。さもないと『人間らしさ』を失ってしまうだろう」(川喜田 1986：456) と主張するのである。

5　KJ法と観光研究

最後に，KJ法と観光研究の関わりについて，いくつかの点を指摘しておこう。まず，地理学や文化人類学といった野外科学における観光研究においては，その調査においてKJ法は有効に活用できるだろう。特に観光という現象は，様々な事象が複雑に絡まり合っているため，その調査研究における有効性は大きいと考えられる。またこの点に注目すると，野外科学における調査研究ばかりでなく，観光をテーマとするあらゆる研究において，KJ法の技術と思想は意義深いものだといえよう。さらに，フィールドワークの魅力が旅と重ね合わせられて論じられるように (川喜田・岩田 1975)，KJ法の技術・思想についての理解を，観光の理解に繋げることも可能であろう。くわえて，社会的に創り出された記号が重要となる観光について考えるなかで，KJ 法そのものについて問い直すこともできるかもしれない。川喜田が KJ 法を固定的なものにせず，試行錯誤するなかでその方法や説明のあり方を探究し改良し続けたように，KJ 法それ自体も新しい創造に開かれているのである。KJ 法に関する知見を契機として，読者の皆さんが様々な方向で新たなる創造へ向けた探究を行うことを期待したい。

ブックレビュー

本章における KJ 法の説明は，あくまで概説であり，W型の図解やＡ型図解など，川喜田が関連書籍で説明に用いた図も示していない。また彼の著した書籍では，基本となる KJ 法の４ステップではもの足らない課題に対応するための，累積 KJ 法についても説明されている。くわえて，KJ 法をどのように利用できるのかという，研究以外への応用のあり方についても論じている。そのため，KJ 法をより深く理解し適切にそれを実践するにあたって，彼が著した KJ 法に関する書籍を必ず読んでいただきたい。

まずお勧めするのは『発想法』(1967) であり，こちらで KJ 法の概要やその発想に至った経緯をよく理解することができる。同書は現在もその改版 (2017) が新書で発行されているため，その内容に触れることは容易である。また，具体的な手順を含めて KJ 法の理解を深めるために，『続・発想法』(1970) も読むといいだろう。こちらも新書として現在も刊行されているため入手しやすい。さらに KJ 法について知りたければ，詳細な解説がなされている『KJ 法』(1986) がある。くわえて，川喜田が著した他の書籍，KJ 法に関する様々な書籍をはじめとして，「関係のありそうな」書籍を広く探検していくことも推奨したい。

川喜田二郎 (1967)『発想法――創造性開発のために』中公新書 (改版，2017年)。
川喜田二郎 (1970)『続・発想法―― KJ 法の展開と応用』中公新書。
川喜田二郎 (1986)『KJ 法――渾沌をして語らしめる』中央公論社。
川喜田二郎 (1996)『川喜田二郎著作集６　KJ 法と未来学』中央公論社。
川喜田二郎・岩田慶治 (1975)『人類学的宇宙観』講談社現代新書。

（神田孝治）

第Ⅱ部

量的リサーチとは何か

第7章
質問紙調査法のプロセスと方法

本章からは量的調査（quantitative research）の方法について考えていく。ただし，その前に，質的調査であれ量的調査であれ，調査は，その目的によって，(1)記述的調査，(2)探索的調査，(3)説明的調査，(4)評価的調査，のように分類できることを説明する。そして調査を適切な形で行い進めてゆくために，理論－問題意識－調査（観察）－分析（考察）のサイクルのもとに調査（観察）を位置づけていく必要があることを述べ，「反証可能性」をふまえた「科学的立場」に立脚する重要性について強調する。

そのあと質問紙調査のプロセスを示し，質問紙調査の種類として横断的調査，パネル調査，繰り返し調査，比較調査があることを概説する。最後に，質問紙調査の実施方法として，訪問タイプ（訪問面接調査と留置調査），調査地を会場とするタイプ（会場面接調査と会場自記式調査），郵送・電話・インターネット調査のタイプ（郵送調査，電話調査，インターネット調査）があることを述べる。

1　調査の目的

これまでは，質的調査（qualitative research）の方法についてみてきた。前にも述べたように，質的調査とは，主として質的データ（定性的データ）を用いる調査のことを言う。質的データ（定性的データ）とは，会話，手紙，日記，自伝，映像など数字があまり出てこないデータのことである。

この章からは，これら質的調査の方法に対して，量的調査（quantitative research）の方法について考えていくことにしたい。それは，質問紙調査データや官公庁統計データのように数字がたくさん出てくるデータ，すなわち量的データ（定量的データ）を用いる調査のことを言う。

質的調査と量的調査。この２つは大きく違っているように見えて，共通点がある。それは，どちらもが，なんらかの形で調査対象者とのコミュニケーションを行っているということだ。インタビュー調査や参与観察などでは，調査対象者と言葉を交わしていくことが大切になる。それに対して，質問紙調査のような量的調査では，「男性が45％，女性が50％，無回答が５％」と一見無味乾燥な数字ばかりが並んでいるように思うかもしれない。だが，それは間違いである。量的調査もまた，質問紙（調査票）というコミュニケーション・メディアを間に入れ，調査対象者とコミュニケーションをはかっている。

調査とはまさに，自己や他者とコミュニケーションを測り，そのコミュニケーションの中から社会，文化，観光のあり方などを浮き彫りにしていこうとする営みなのである。そうした調査は，目的によって，⑴記述的調査，⑵探索的調査，⑶説明的調査，⑷評価的調査のように分類できる。

⑴記述的調査（descriptive research）

これは，関心をもつある現象について定義したり記述したりすることを目的にした調査である。たとえば「京都市の住民は市の観光政策に賛成なのだろうか，反対なのだろうか」を調べ，賛成の人が何％いて，反対の人が何％いるのかを記述しようとするといった調査がこれに相当する。他にも，「いったい，この地域に外国籍の人たちは何人いるのか」を調べようとするのも記述的調査だ。

⑵探索的調査（exploratory research）

これは，ある現象について可能な限り先入観を抱くことなく，そこで何が生じているのか，そのときの人々の思い・考えはどのようなものかなどを，より深く調べてみようとする調査である。記述的調査が現状を調べるためのものであるとすれば，探索的調査は現状の背後を深く調べるためのものだといえる。

たとえば京都市の住民で，市の観光政策に対して賛成の人が何％いて，反対の人が何％いるのかを知るだけではなく，賛成の人はどのような人で，どういった思いでそう表明しているのかを，彼らの言葉に耳を傾けインタビュー調査を行っていく。

⑶説明的調査（explanatory research）

これは，ある現象が「なぜ」「いかに」生じているのかを考察するための調査である。たとえば京都市の観光政策に「賛成」や「反対」と表明している人は，どのような理由でそう言っているのか。性別や年齢や居住地などで違いがあるのだろうか。それとも，過去の自分自身の観光体験で違いがあるのか。ある現象の原因と結果の関係（因果関係）について考えたり，因果関係がいかなる形で成立しているのかをデータから考えようとする調査がこれである。

⑷評価的調査（evaluation research）

これは，ある現象や事柄が，どのような効果をもたらしたのかを知るための調査である。たとえば京都市においてある観光政策が展開されていくことで，実際に，観光客はどれくらい増えたのか，あるいは減ったのか。また住民は観光政策が展開される前後でどの程度，行政の姿勢に肯定的な（あるいは否定的な）評価を下すようになったのか等を明確にしようとするものだ。

2　理論－問題意識－調査（観察）－分析（考察）

先に述べたように，質的調査であれ，量的調査であれ，調査とはまさに，自己や他者とコミュニケーションをはかり，そのコミュニケーションの中から社会，文化，観光のあり方などを浮き彫りにしていこうとする。こうした調査という営みを適切な形で行い進めていくためには，図7-1のようなサイクルのもとに調査（観察）を位置づけていく必要がある。

この図で「理論」というのは，先行研究などで，これまで人に練り上げられてきた考えのまとまりを言う。このような先行研究をふまえて，自分なりの問いを立てていくのが，「問題意識」となる。この先行研究をふまえて立てた「問題意識」を追求するべく，いろいろな方法でデータを収集し，「調査（観察）」を行っていくのである。そして収集されたデータを分析・考察し，自分の考え

コラム６　先行研究を調べる

　ここで書いているように，先行研究をしっかりと調べておくことは調査に先立って重要となる。そのためには，学術雑誌の参考文献リストを見てみたり，「Google Scholar」「CiNii Articles」「Webcat Plus」「NDL Search」「J-STAGE」などのデータベースにアクセスして探すのもよいだろう。

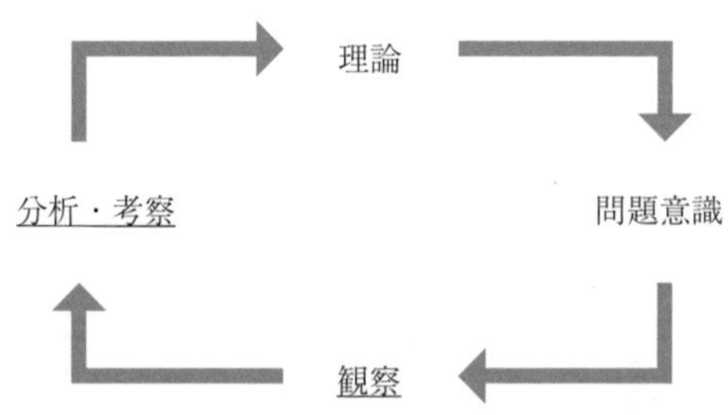

図７－１　理論－問題意識－調査（観察）－分析（考察）のサイクル
出所：筆者作成。

を導き出していく。それがまた，新たな「理論」となっていく。

　このとき，くれぐれも忘れてはならないことがある。それは，理論がつねに「仮説」でしかないということである。私たちの考えることは，つねに「途の上に」あって，未完成である。どんなに「調査（観察）」を積み重ねようと，これで100％完璧という状態には決してならない。

　別の人が，別の時に，別の形で観察したら，別の分析や考察に辿り着くことはよくあることである。それを前提に，先行研究の成果を尊重しつつも，皆が，それぞれの考えを展開していくことが重要なのだ（コラム６参照）。

　前にも「アクション・リサーチ」の章（第５章）で述べたように，何かについて自らの考えを主張する時には，４つの立場がある。それは，(1)権威的立場，(2)神秘的立場，(3)論理－合理的立場，(4)科学的立場の３つである。権威的立場は，権威・権力をかさにきて，自分の考えを主張する立場である。神秘的立場は，宗教など神秘的な雰囲気の中で，自分の考えを主張する立場である。次に，論理－合理的立場とは，論理的な手続きにのっとって言葉が述べられているか否かで，自らの考えが「真」であることを主張する立場である。最後に科学的立場は，理性的な論理や，観察などの科学的なものによって，自分の考えを主張する立場を言う。

学問や研究の世界では，第３番目と第４番目の立場，とくに社会調査では第４番目の立場である「科学的立場」にたつことが必要とされる。その際には，自分の言っていることは決して，「100％の正解」「100％の真理」ではないということを認め，自分の考えについて，誰かがつねに反証・批判できるように開いておくということが重要なのである。

その意味で，「科学的立場」で大事なのは，「正しいことを言う」ことではない。そうではなく，「つねにバージョンアップし修正していく」ことが大事なのである。これを「反証可能性」という。「反証可能性」は，オーストリア出身であるイギリスの哲学者カール・ポパーが述べた概念（言葉）である。

彼は，理性的・科学的立場には，こうした「反証可能性」が不可欠であると主張する。カラスを例にするならば，「カラスは黒い」という主張が「正しい」かどうかがポイントなのではなく，「カラスは黒い」という主張がたんなる仮説であって，反証可能で，１羽でも白いカラスがいたら仮説が覆されるのだと認めていくこと――これがポイントなのである。

ピエール・ブルデューというフランスの社会学者が実施した調査も，そうしたものであるといえよう。彼は，「階層の状況が私たちの行為に影響を及ぼし，行為を変えてしまう」という仮説を立てた。そして『ディスタンクシオン』という本で，これに関するデータを分析したのである（図７-２）。

ブルデューは，私たちが，どの音楽を好きで聴くのかという行為も，どの階層で生まれたのかという状況によって変わるのだと考えた。そこで，「平均律クラヴィーア曲集」「ラプソディー・イン・ブルー」「美しき青きドナウ」という３つの曲を調査対象者に提示し，「どの曲を好きでよく聴くか」と尋ねた。その結果，比較的豊かな階層の人は「平均律クラヴィーア曲集」，中くらいの階層の人は「ラプソディー・イン・ブルー」，あまり豊かではない階層の人は「美

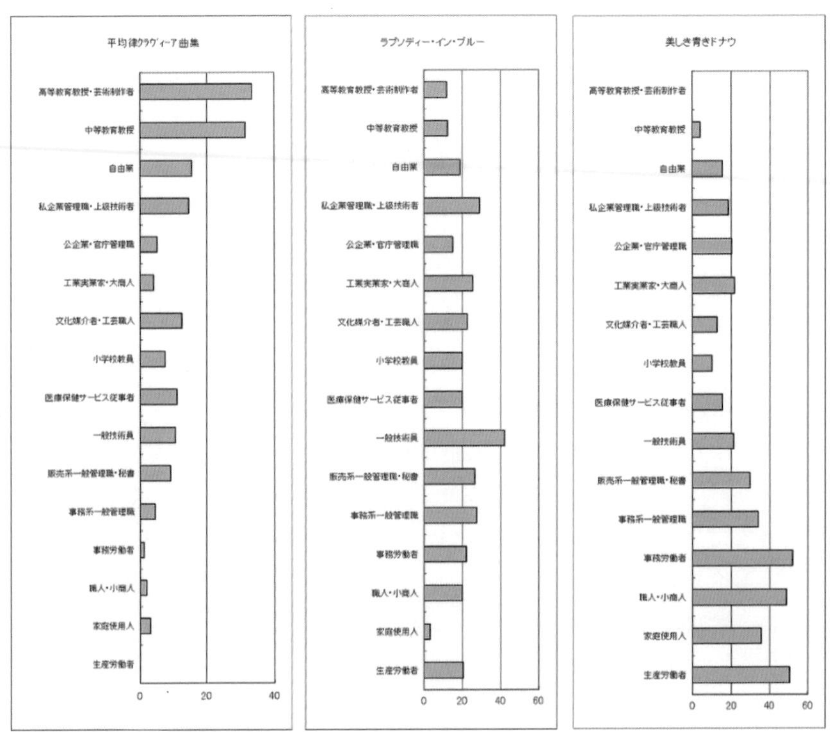

図７－２　ブルデュー『ディスタンクシオン』の調査結果

出所：ピエール・ブルデュー『ディスタンクシオンⅠ』p.28。

しき青きドナウ」が多いということが明らかとなったのである。

私たちは当たり前のように，どの音楽を聴くのかということくらい，自分の好みで，自由に聴いているのだと思っている。たしかにその部分もあるだろう。しかし，その自由な行為そのものが，実は，階層に影響を受けているのではないかとブルデューは考えたわけである。しかし，それは，決して「100％正しい」ものではなかった。日本で，それと同様の調査をしてみたら，違った結果になって，ブルデューの仮説は，日本において当てはまっていなかったということもある。

だが，だからといって，彼の仮説が誤っていて，不要なものだということにはならない。むしろ，様々な批判や反証に開かれているという点で，ブルデューの理論は，科学的にも，とても意味あるものなのである。「科学的立場」に立脚しながら，「理論－問題意識－調査（観察）－分析（考察）」のサイクルの中に調査（観察）を位置づけ，それを通して分析（考察）を進め，新たな仮説を生み出し，それが理論となっていく。そうやって初めて，研究や学問は進んでいくのである。

3　質問紙調査のプロセス

それでは，質問紙調査はどのようなプロセスのもとで実施されていくのか。それは，①調査企画段階→②調査設計段階→③実査段階→④調査票のデータ化段階→⑤データ分析，公表段階である。各段階で具体的に行われるのは，以下の通りである。

①調査企画段階
　調査のテーマを確定する，問題意識を明確化する，そのための情報を検索・発掘する。
②調査設計段階
　調査方法を考える（調査対象を決める，調査票の配布・回収方法を決める）。
　質問項目を決定する，調査票を作成する。
③実査段階
　実査準備作業を行う（調査票を印刷する，調査の手引きを作成する）。
　調査対象者を実際に選定する（サンプリング）。
　郵送作業を行う（宛名書き，返信封筒の印刷，挨拶文，督促状）。
④調査票のデータ化段階
　回収した調査票をチェックする（エディティング），調査票のデータ化しコンピュータ入力する。
⑤データ分析，公表段階
　データ分析による解釈を行う（グラフ，単純集計，記述統計，統計的検定，

クロス集計，相関係数，多変量解析など)，レポート・論文作成，調査報告書印刷。

4　質問紙調査の種類

土田昭司『社会調査のためのデータ分析』(有斐閣，1994年) の整理に沿うならば，質問紙調査の種類は，表7-1の通りである。

表7-1　質問紙調査の種類

	単一の集団	複数の集団
1回のみ	横断的調査	比較調査
複数回	パネル調査	繰り返し調査 (調査票は同じ)

出所：筆者作成。

(1)横断的調査

これは単一の集団を対象として，1回だけ行う調査のことを言う。調査が行われる場合には，この横断的調査によって行われることがほとんどだろう。この調査は，ある特定の時点における，ある特定の集団の特徴を明らかにするには非常に優れた方法だ。ただし，特定の集団において明らかになった事柄が，他の集団にも当てはまり一般化できるという保証はない。

(2)パネル調査

これは，同一の調査対象者に繰り返し調査を行うものである。集団の変化が分かるこの調査は，個人ごとの異なった時点における測定結果がデータとして得られる。ただ欠点として，調査を繰り返しているうちに調査に協力してくれる対象者が少なくなってくることがあるだろう。この調査対象者の欠落は，サンプル数の減少をもたらすだけではなく，サンプルが偏った集団になってしまうという危険さえもたらす。

⑶繰り返し調査

これは，同一の調査項目あるいは質問文を用いて繰り返し調査を行うものである。そのとき調査対象者は，そのつど選び直す。この調査を使うと，時代の変化が分かる。この調査は，集団としての変化についてのデータを得ることができる。ただし，個人の変化についてのデータは得ることができないことに注意すべきだろう。

⑷比較調査

これは，同じ内容の質問項目あるいは質問文を用いて，同一の時点において，異なった複数の調査集団に調査を実施する調査設計だ。同じ時の集団の違いが分かる。「国際比較調査」の場合，質問文に異なる言語を用いることが通常であるため，質問文の意味が異言語間で本質的に同じになるようにしなくてはならない。このためバック・トランスレーションが必要となる（バック・トランスレーションとは，ある言語によって作成された質問文を異言語に翻訳し，その翻訳された質問文を元の言語に翻訳し直して，それが最初の質問文と異なっているかどうかをチェックすることを言う）。

5　質問紙調査の実施方法

さらに質問紙調査の実施方法としては，訪問タイプ（訪問面接調査と留置調査），調査地を会場とするタイプ（会場面接調査と会場自記式調査），郵送・電話・インターネット調査のタイプ（郵送調査，電話調査，インターネット調査）がある。実施方法についても，土田の整理に沿って説明を加えていこう。

⑴訪問面接調査

これは，調査員が調査対象者の自宅などを訪問して対象者本人であることを確認したうえでインタビューを行う面接技法である。留意点として，インタビュアーの質問の仕方いかんによっては回答に歪みが生じる可能性があり，事前に調査員に対する教示・訓練を十分に行う必要があることが挙げられる。また，調査員が調査対象者の自宅を訪問しても，留守であったり回答を拒否されることもある。

⑵留置調査

これは，調査員が調査対象者の自宅などを訪問して，対象者本人が回答することを依頼したうえで調査票を手渡し，後日再び訪問して回答済みの調査票を回収する調査技法である。この長所としては，調査費用の点で訪問面接調査よりも比較的少ないコストで実施できることが挙げられる。逆に欠点としては，ほんとうに対象者本人が回答したのかが確認できない等が考えられるだろう。

⑶会場面接調査

これは，調査会場として設定した場所に調査対象者に出向いて来てもらい，そこで面接を行う調査だ。この場合，時間的に余裕のある人とか，調査会場の近くを歩いていた人など特定の場所にいる人だけが調査対象者となりやすく，調査対象者が特定の属性をもっている集団に偏ってしまう危険がある。

⑷会場自記式調査

これは，調査対象者に調査会場まで出向いて来てもらい，そこで自記式の調査に協力してもらう調査技法である。この実施方法の場合も，会場面接調査と同じように，調査対象者が特定の属性をもつ集団に偏る危険性がある。

⑸郵送調査

これは，印刷された調査票などを調査対象者に郵便などで送り，回答後に返送してもらう調査技法である。これは多くの質問紙調査が採用する方法だが，調査票に回答したうえ返送してくれる調査対象者がかなり少なくなる等の欠点がある。たとえば，日本においては，回収率が20％を下回ることが多い。そのため対象者が偏った集団になってしまう危険性が非常に大きくなることがネックだろう。

⑹電話調査

これは，電話によって調査対象者にインタビューすることによって行う調査技法で，この場合，インタビューの時間は常識的に数分程度に限られる。したがって，電話調査によって質問できる項目も限られてしまう。

⑺インターネット調査

これは，1990年代後半以降に普及した方法で，文字通り，インターネットを介した調査手段を指す。WEB 調査，オンライン調査という場合もある。メリットとして，「短期間で調査実施から回答の回収までを行うことができる」「調査コストが抑えられる」「調査対象者・回答ともに大量に集めやすい」等が挙げられる。逆にデメリットとしては，まずは回答者の偏りが挙げられよう。高齢者など，インターネットの利用率が低い集団に対しては効果の少ない調査方法となってしまう。

（遠藤英樹）

第8章
調査票のつくりかた

本章では，⑴調査タイトルと依頼文，⑵質問本体の内容，⑶フェイスシートに分けて，質問紙調査において用いる調査票のつくりかたについて説明する。特に，質問本体の内容を作成するにあたって，調査票のワーディング（言い回し）と選択肢において気をつけるべき事柄を述べていこう。

次に，⑴名義尺度，⑵順序尺度，⑶間隔尺度，⑷比例尺度といった質問紙調査の尺度について簡潔に説明したうえで，尺度の「信頼性」と「妥当性」についても言及する。

1　調査票のつくりかた

ここではまず，質問紙調査において用いる調査票のつくりかたについて説明していこう。調査票は大きく3つの部分から構成されている。それは，⑴調査タイトルと依頼文，⑵質問本体の内容，⑶フェイスシートである。

⑴調査タイトルと依頼文

調査票には，最初に「調査タイトルと依頼文」を掲載しなくてはならない。そこには，以下のような内容を書いていく。

①調査タイトル

②調査を必要とする背景（どういう理由で調査を実施することになったのか）

③調査の目的

④調査の大まかな内容（どのような調査か）

⑤サンプリングの方法（どうして，あなたが調査対象者に選ばれたのか）

⑥データ利用の範囲の保証（調査対象者のプライバシーの保護に関する保証）

⑦調査主体の明示（どういう人が調査をしているのか，調査責任者は誰か）

「観光に対する意識や行動」に関する質問紙調査

〇〇大学「観光学調査実習」受講学生一同

みなさまにはますますご清祥のこととお慶び申し上げます。

さて私どもは，〇〇大学△△学部「観光学調査実習」の授業の一環として，質問紙調査を実施しています。マスコミをはじめ様々なところで，観光に対する意識や行動が大きく変化していると言われています。そこで観光に対する意識や行動の実態を明らかにし，そのパターンを説明することを目的に，本調査を実施しようと考えました。その際に調査内容としては，観光の意識・行動に関わる項目以外にも，学業，メディア，恋愛観・結婚観，家族観など，いくつかご質問をさせていただくことになります。

この調査の対象となる方々は，ランダムサンプリングという「くじ引き」に似た方法で選んでいます。少し立ち入った質問もあるとは思いますが，ご回答は直ちに記号化し，コンピュータで統計的に処理しますので，あなた様の個人的な情報が漏れ，ご迷惑をおかけすることは決してございません。プライバシーにかかわる個人的情報については絶対に守りますので，安心して回答してください。

〇〇大学△△学部

担当教員　〇〇 〇〇

⑵質問本体の内容

「調査タイトルと依頼文」の次に質問紙調査で尋ねていきたいことを書いていくことになるが，その際，質問文のワーディング（言い回し）によって，回答はかなりの程度，変化してしまうことがあるので，以下のような点に配慮する必要がある。

・曖昧な言葉は使わない

たとえば「音楽番組がよく放送されますが，あなたはこのような傾向に賛成ですか，反対ですか」という質問文だと，尋ねられている「音楽番組」がクラシック番組のことなのか，洋楽ポップス番組なのか，日本のポップス番組なのか，それとも演歌番組なのか，民謡の番組なのか，よく分からない。どれを想定するかで回答は変わってきてしまうだろう。それゆえ尋ねたいことを曖昧にするのではなく，明確にしておく必要がある。

・難しい言葉は使わない

「あなたは，観光において真正性をそこなってしまうことに賛成ですか，反対ですか」と調査で尋ねられたら，たぶん多くの人が「真正性とは一体どういう意味か」と疑問に思うだろう。「真正性」は観光学の専門用語なので，それが分かる人は限られている。このような難解な用語を使ったところで，分からない人はこの回答を空白のままにしてしまうだろうし，調査そのものをここでやめてしまうことさえある。

・ステレオタイプの言葉は使わない

一定の決まりきった見方で，ものごとに評価を下してしまうような，ステレオタイプの言葉は使ってはならない。「官僚が民間企業や政府の外郭団体などに天下りすることについて，どう思いますか」といった質問文は，その一例である。「官僚」「天下り」と言われてしまうと，つい「反対」の選択肢にマルをつける人が増えるのではないだろうか。

・誘導的な質問をしない

「最近，○○という国では，新型コロナウイルス感染症だけではなく，サル痘の感染者が急速に拡がっています。もし，あなたの家族が，○○という国に旅行に行きたいと言ったら，どう思いますか」と尋ねられたら，「反対」の選択肢にマルをつける人が増えるだろう。「最近，○○という国では，新型コロナウイルス感染症だけではなく，サル痘の感染者が急速に拡がっています」という部分が誘導的な説明になっているからである。

・キャリーオーバー効果に気をつける

質問の順番を決めるにあたって，あとの質問に影響を与えてしまうような内容を前に聞いていないかに気をつける必要もある。たとえば「2022年現在，○○という国が侵攻され戦争状態にあることを知っていますか」といった質問文のすぐあとで，「あなたは○○という国に観光に行きたいですか」と尋ねられたら，やはり「いいえ」の選択肢にマルをつける人が増えるのではないか。前の質問文が，あとの質問文に影響をもちこす（キャリーオーバーする）ことがないように考えなくてはならない。

・ダブルバーレルに気をつける

１つの質問で２つ以上の論点が尋ねられているか否かも気をつける必要がある。たとえば「あなたは，新型コロナウイルス感染症の感染拡大状況において，マスクをはずしたり，他府県に観光に行ったりすることをどう思いますか」と質問文だと，「マスクをはずすこと」が尋ねられているのか，「他府県に観光に行くこと」を尋ねられているのか分からなくなるだろう。

このようにワーディング（言い回し）に気をつけながら質問文を完成させ，選択肢を作成していくのである。選択肢の形式としては，⑴単一選択形式，⑵複数選択形式，⑶評定尺度形式，⑷自由（記述）回答形式などがある。具体例とともに説明していこう。

まず単一選択形式は，選択肢が互いに重なりを持たない場合や，第１位の選択肢を知りたい場合に用いられる。

（例）
あなたは現在，大学のサークルに入っておられますか。
　①入部している　　　②入部していない

次に複数選択形式は，重なりを持つ場合や，回答を一つに決めることが無理な場合に用いられる。

（例）
あなたはアルバイト代を何に使いますか？　あてはまるものすべてに○をつけてください。

①交際費　②生活費・食費
③授業料　④服飾費・化粧品代
⑤サブスクール（自動車学校・資格取得など）
⑥サークル・部活動　⑦海外旅行
⑧国内旅行　⑨家賃・光熱費・水道代
⑩通信費（携帯代など）　⑪その他（　　　　　）

そして評定尺度形式は，賛意，好み，評価などの程度を知りたい場合に用いられるが，「4分法」や「5分法」などが一般的である（コラム7参照）。

（例）
あなたは旅行に関するインスタグラムの投稿を見るのが好きですか，それとも好きではありませんか。

①まったく好きではない　②あまり好きではない
③まあ好き　④とても好き

最後の自由（記述）回答形式は，自由に文章を記入してもらう形式で，あらかじめ回答をグループ分け（カテゴリー化）できない場合に用いられる。ただし，空白のまま置かれることも多く，あまり使わない方がよいだろう。

ところで選択肢を作成するには，「選択肢が重なり合っていて，どちらに○をつけてよいのか分からない」というのはいけない（「相互排他的」の原則）。次に，「必ず誰もがどこかに○をつけることができる」必要がある（「網羅的」の原則）。選択肢は原則として，「相互排他的」で「網羅的」でなければならないのである。

コラム7　日本の人々は真ん中が好き？

「4分法」や「5分法」どちらでもよいが，ただ日本だと「5分法」の場合，真ん中にある「ふつう」「どちらでもない」を選択する人が増えることがある。「4分法」や「5分法」どちらにするか決めるにあたって，そういった無意識のバイアスが生じることも考慮に入れる必要があるのかもしれない。

⑶フェイスシート

調査票には，どのような人が回答したのかという，回答者の基本的属性に関する質問項目もある。そうした質問項目を「フェイスシート」と言い，調査票の最後に掲載するケースが多い。「フェイスシート」で尋ねる項目としては，①性別，②年齢，③職業などがある。

（例）
あなたの性別は
　①男性　　②女性　　③その他

2　調査の尺度

質的調査と量的調査，この2つには共通点がある。それは，どちらもが，なんらかの形で調査対象者とのコミュニケーションを行っているということである。量的調査も，質問紙（調査票）を間に入れながら，調査対象者とコミュニケーションをはかり，人の気持ち・考え・態度・状態等を知ろうとしているのである。

とするならば，質問紙（調査票）とは，人の気持ち・考え・態度・状態等を知るための「ものさし」となっているといえる。これをコミュニケーションの道具として用いて，私たちは，調査される調査対象者の思いを知っていくのである。

ものさしのことを，一般的には「尺度（scale）」という。それゆえ質問紙（調査票）は，人の気持ち・考え・態度等を測るための「尺度（scale）」ということになる。質問紙調査の尺度（scale）には，４つの種類がある（表８-１）。それは，(1)名義尺度，(2)順序尺度，(3)間隔尺度，(4)比例尺度である。以下では，一つひとつ説明していこう。

(1)名義尺度

下の質問では，選択肢になっている項目において何の順番もない。選択肢の順番は入れ替え可能である。選択肢の数字（これは調査で回答する人によって「変わる数字」なので，変数 variables と言われる）には，大小関係も何もない。

（例）
あなたの性別は何ですか？
　①男性　　②女性　　③その他

以上の選択肢は，べつに「①女性　②男性　③その他」としても構わないであろう。選択肢の数字は，たんに名義上割り振っているだけなのである。こういうものさしを「名義尺度」という。

(2)順序尺度

次に，「順序尺度」とはどのようなものなのだろうか。これも例を挙げて説明していこう。

（例）
あなたはテーマパークで遊ぶことが好きですか？
　①まったく好きではない　　②あまり好きではない
　③まあ好き　　④とても好き

上の例では，選択肢の項目になっている数字に，順番が存在している。①から②，②から③，そして③から④と数字が上がるほど，「好き」度が上がるという順番である。回答する人によって，この数字も変わり得るものであるから，これもまた「変数」なのだが，とにかく数字に順番がある。こうしたものを順序尺度という。

⑶間隔尺度

では，「間隔尺度」とは，どんなものか。たとえば，こんな質問があったとしよう。

（例）
新型コロナウイルス感染症の感染拡大状況に対して観光庁による「Go To トラベル」キャンペーンを，あなたが評価するとすれば，以下のうちでどれになりますか？

①０点　　②１点　　③２点
④３点　　⑤４点　　⑥５点

この数字も，回答する人によって変わり得るものなので「変数」なのだが，その数字には，順番がある。さらにいえば①と②，②と③，③と④，④と⑤，⑤と⑥の間隔が，一点刻みの等間隔になっている。

順序尺度もそうではないのかと思うかもしれない。しかし「まったく好きではない」「あまり好きではない」「まあ好き」「とても好き」が等間隔かどうかは，保証できない。人によっては，「まあ」と「とても」は近いけど，「あまり」と「まあ」は遠いと思うこともある。この点が違いである。

⑷比例尺度

では，「比例尺度」とは何か。これも例を挙げて考えてみよう。たとえば旅行会社のスタッフに質問紙調査で，以下のような質問をしたとする。

（例）
あなたの2024年１月の月額給与はおいくらですか。
（　　　　　　　　　　　）円

これも，回答する人によって，この数字も変わり得るものなので「変数」である。そして，その数字には順番もある。また，10万円と20万円と30万円は等間隔だ。

ここまでなら，「間隔尺度」と同じである。「比例尺度」はさらに，「０円」という時に，給与が無いという状態を表すことになる。数字のゼロが，絶対的なゼロなのである。

しかし「間隔尺度」だって「０点」とあって，点数がまったく無いという状態だったのではと思うかもしれない。だが「間隔尺度」の「０点」という点数は，「０点」とつけられている点数が有るという状態である（もっといえば，マイナスの点数も設定できる）。それに対して給与が「０円」というのは，「０円」という給与が有るという状態とはいえない。それは，給与など何も無いという状態にすぎないのである（マイナスの給与は，設定できないし，設定したとしても，それはもはや給「与」とはいえないだろう）。これが，比例尺度の特徴である。

質問紙（調査票）における質問項目は，このように，人の気持ち・考え・態度・状態等を知るための「ものさし」＝「尺度」になっているのだ。ところで人の気持ち・考え・態度・状態等を知るための質問紙調査の場合には，名義尺度や順序尺度が多くを占める。「Go To トラベル」キャンペーンの点数をつける場合には間隔尺度，給与などを尋ねる場合には比例尺度と，間隔尺度や比例尺度もあるにはあるが，かなり少ない。以上をまとめると，尺度の種類は表８‐１のように整理できる。

⑸尺度の「信頼性」と「妥当性」

この「ものさし」＝尺度が，おかしかったり，狂っていたりすると，いくら調査をしても，人の気持ち・考え・態度・状態等を知ることは叶わない。「も

表８−１　尺度の種類

尺度の種類	尺度の特徴
名義尺度	数字はたんに名義的にわりふっているだけ
順序尺度	数字には順番・序列がある
間隔尺度	数字の間隔は，すべて等間隔
比例尺度	ゼロはまったく何も無い状態

出所：筆者作成。

のさし」＝「尺度」が適切なものであることを示すのが，「信頼性（reliability）」と「妥当性（validity）」である。

では，尺度の「信頼性」とは，いったいどういう意味なのか。それは，同じ気持ち・考え・態度・状態の人に調査を行った場合には，同じ結果がちゃんと得られるということを言う。同じようなことを聞いている質問・選択肢であるはずなのに，全然違う回答が出てきてしまうというのは，それらの質問やその選択肢が，人によって受け取り方が違ったり，あやふやだったりするからであ

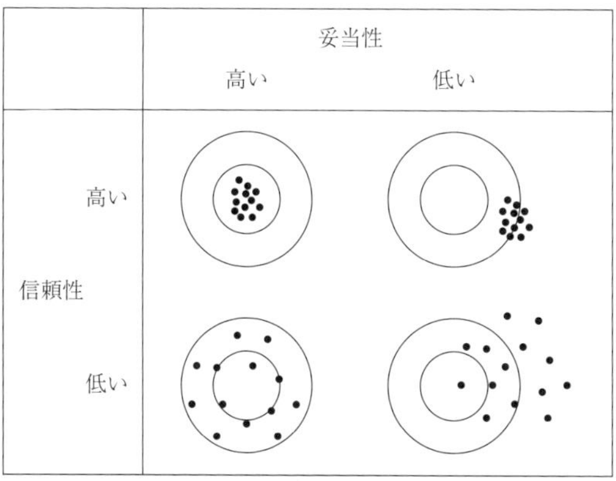

図８−１　尺度の「信頼性」と「妥当性」

出所：Oladimeji Akeem Bolarinwa（2015）Principles and methods of validity and reliability testing of questionnaires used in social and health science researches, *Nigerian Postgraduate Medical Journal*. Vol 22, Issue 4, p.196をもとに改変。

る。そういう尺度は「信頼性がない」と判断される。

次に，尺度の「妥当性」とは，どのようなことを言うのであろうか。これは，質問やその選択肢によって，本当に知りたいことが聴けているということを言う。たとえば今，「国語力」というものを知りたいとする。そのためには「読解力」「コミュニケーション力」「文章作成力」，それ以外にも字を知っているかどうかを表す「識字力」みたいに沢山のことをふまえなければ分からないはずだ。それなのに，「漢字のテストの点数」を聴くだけで「国語力」としてしまうというのは，「妥当性がない」と判断できる。以上のような「信頼性」と「妥当性」を図で表すとすれば，図8-1のようになるだろう。

尺度の「信頼性」や「妥当性」はとても重要なものである。ただ，それが本当に確保されているかどうかはなかなか分かりにくい。一応，統計的にこれを判定できる手法もあるにはある。たとえば「信頼性」があるかどうかを判定するためには，クロンバックのα係数という統計手法があったりするのだが，とはいえ基本的には，調査票をしっかりとつくりこむことでなければ「信頼性」と「妥当性」は確保できない。このことは，よくふまえておくべきであろう。

（遠藤英樹）

第9章
サンプリング&エディティング

本章では，調査対象者の選び方について考えていくことにしよう。「母集団」とは，本来，自分自身が知りたいと思っている集団全体のことをいう。この「母集団」から一部だけを取り出しサンプル（標本）として，その人たちだけに調査することを標本調査法という。ただし，自分の都合とか，自分の好き嫌いなどがサンプル（標本）を選び出す際に入ってこないように注意する必要がある。では，サンプル（標本）を選び出すサンプリングにおいて，何を知っておくべきなのだろうか。本章では，これについて概説したあと，回収した調査票を点検する作業であるエディティングについても述べていく。

1　母集団とサンプル（標本）

本章ではまず，調査対象者の選び方について考えていくことにしよう。ここで大事な言葉として，「母集団（population）」と「サンプル（sample：標本）」という言葉について知ってもらいたい。

それらは，どういう意味なのか。まず「母集団」とは，本来，自分自身が知りたいと思っている集団全体のことを言う。たとえば，いま日本人の旅行観について知りたいとしよう。2023年７月現在の日本人人口は約１億2500万人であるから，この１億2500万人全員が今のところ「母集団」ということになる。

ただ日本は現在すでに超高齢社会に入っているとされるので（65歳以上の人口が，全人口に対して７％を超えると「高齢化社会」，14％を超えると「高齢社会」，21％を超えると「超高齢社会」と呼ばれる），このまま人口が推移していけば2050年には１億人を下回ると予測されており，それからすると母集団の数も今後変わっていくことになる。

また私が現在勤務する大学に通っている学生が，海外旅行に対してどのような意識や行動を示しているのかを考えたいという時には，勤務する大学に所属している学生すべて（2023年４月現在では約３万4000人）が母集団となる。

これら「母集団」全員を調査することを，「ことごとく（悉く），みんな（皆）を調査する」という意味で「悉皆（しっかい）調査」という。こうした悉皆調査を行っているのが，総務省が５年に１度実施している国勢調査である。国勢調査は，統計法という法律に基づき，総務大臣が国勢統計を作成するために「日本国内の外国籍を含むすべての人及び世帯」を対象として実施される，日本国の最も重要かつ基本的な統計調査とされているものである。

こうした悉皆調査ができるのであれば一番良いだろうが，ただ日本人の旅行観について知りたいからと言って，卒業論文，修士論文，博士論文などで日本国民約１億2500万人を調査することなど不可能である。調査票を郵送で送って，それを返してもらうという費用だけで，いくらかかるか気が遠くなるだろう。あくまで単純計算だが，封筒の郵送料（84円）が往復で２倍となり，それが１億2500万人分であるとすれば，210億円かかることになる。そんなコストなどかけることは不可能だし，意味がない。

日本国民全体はおろか，約３万4000人の学生全員を調査することさえ厳しいはずである。彼ら全員と調査票のやりとりを往復で行うとなると，単純計算で，約571万円かかることになる。郵送費用だけではない。調査票を印刷する費用も必要であるし，それらを整理・集計したりする労力・時間も非常に大きくなってしまう。

では，どうしたよいか。もし「母集団」の一部だけを取り出して，ほぼほぼ同じような結果が得られるのならよくないだろうか。「母集団」の一部だけを取り出したもの，それをサンプル（標本）という。大学に所属する学生約３万4000人全員を調査するのではなく，たとえば500人をそこから選び出した時に，その選び出された500人を「サンプル（標本）」というのである（図９-１）。「標本調査法」とは，学生の約３万4000人全員を調査するのではなく，選び出された500人だけに調査する方法なのだ。

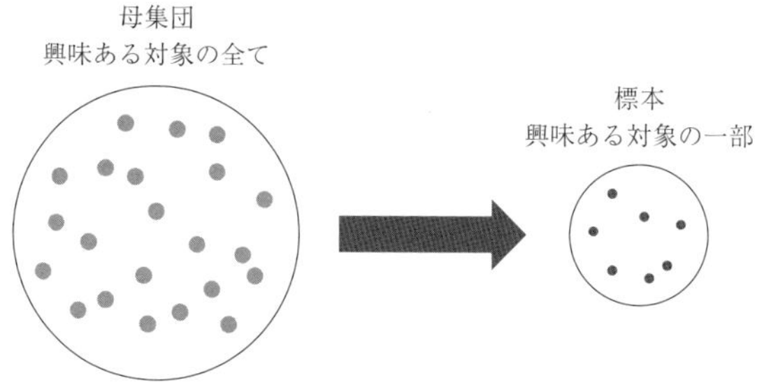

図9－1　母集団とサンプル（標本）

出所：筆者作成。

2　サンプル（標本）を適切に選ぶ大切さ

ただ「母集団」の一部だけを取り出して，ほぼほぼ同じような結果なんて得られるのであろうか。たった一部だけで，「母集団」のことを推測できるなんて，都合の良いことがあるものなのか。たとえば，自分が聞きやすいからということで，自分が仲のよい友人だけに聞いていっても，所属大学の学生全員のことは分かりはしないだろう。自分が旅行サークルに入っていて聞きやすいからと，サークルのメンバーだけに「あなたは旅行が好きですか」と聞いても，旅行サークルに入っている人ばかりなのだから，たぶん「好き」と答える人が多くなってしまうのではないだろうか。しかし大学には，そういう人ばかりではないはずだ。

そうなってくると，サンプル（標本）に誤差が入ってきてしまって，調査の結果が適切なものでなくなってしまう。これについては，アメリカ合衆国の大統領選にまつわるエピソードを考えてみてもよい。

1936年，大恐慌の余波がまだ続くアメリカ合衆国において大統領選が行われた。共和党からはアルフレッド·ランドン，対する民主党からはフランクリン·ルーズベルトが候補者となって，一騎打ちの様相を呈していた。このとき『リテラリー・ダイジェスト』という雑誌が，どちらが勝利するか予想を行おうと調査を行った。同誌は「標本調査法」を採用し，『リテラリー・ダイジェスト』

図9－2　ルーズベルト（左）とランドン（右）

出所：https://studyenglish.at.webry.info/202010/article_21.html（2022年９月24日閲覧）

誌の購読者や，当時に電話や自動車を所有していた人たちから200万人以上を選び，ランドンが優勢であると結論づけるに至った。

その時に，たった30万人（この数字も多いが，『リテラリー・ダイジェスト』による200万人の調査と比べると少ない）の調査からまったく異なる結論を導き出した会社があった。ギャラップ社という調査会社である。この会社は，『リテラリー・ダイジェスト』誌の調査結果と異なり，ルーズベルトの勝利を予測したのである。結果は，ギャラップ社の予想が当たった。なぜか。『リテラリー・ダイジェスト』誌の調査において，サンプル（標本）に偏りがあったからなのである。『リテラリー・ダイジェスト』誌の購読者，電話や自動車を所有していた人たちは，富裕層が多く集中していた。それに対して，ギャラップ社は，性別・年齢・人種・収入などが母集団の属性と同じ割合になるように，サンプル（標本）を選んでいたのである（これを割当法という）。

では，この割当法で，それからサンプル（標本）を選ぶようになったのかというと，実はそうではない。1948年，ルーズベルトの死去により，次の大統領が選ばれることになった。その時に，共和党からはトマス・デューイ，民主党からはハリー・トルーマンが候補者となった。ギャラップ社は以前と同じ割当法によって調査を行い，デューイの勝利を予測した。だが実際に勝利したのはトルーマンであった。なぜギャラップ社の予想は外れてしまったのだろうか。割当法は，性別・年齢・人種・収入などが母集団の属性と同じ割合になるように，調査員たちが選んでいくのだが，調査員たちの好みが知らず知らずのうちに反映されてしまっていたからである。

そこで登場するのが，「無作為抽出法（ランダム・サンプリング）」というやり方なのである。

3　無作為抽出法（ランダム・サンプリング）

これは，自分の都合とか，自分の好き嫌いなどがサンプル（標本）を選ぶにあたって入ってこないように，母集団のリストからランダム（無作為）に選び出していくというやり方である。たとえばサイコロを一回一回ふっていけば，そこには，自分の都合とか，自分の好き嫌いとか入ってこないようになる。そうやって選び出されたサンプルは，ほぼほぼ母集団の特徴と似たものになると，統計的に言われているのである。

(1)系統無作為抽出法

しかし，たとえば1000人のサンプルを選ぶとしても，やれないことはないだろうが，1000回サイコロをふるのも面倒くさくないだろうか。そのあたりを少し楽にするのが，この方法である。まず，さいころを振るなどして無作為に名簿から１人を選び出し，「はじめの対象者（start point）」とする。次に，母集団に対するサンプルの比率に従って等間隔に名簿から対象者を選んでいくというやり方である（図９−３）。

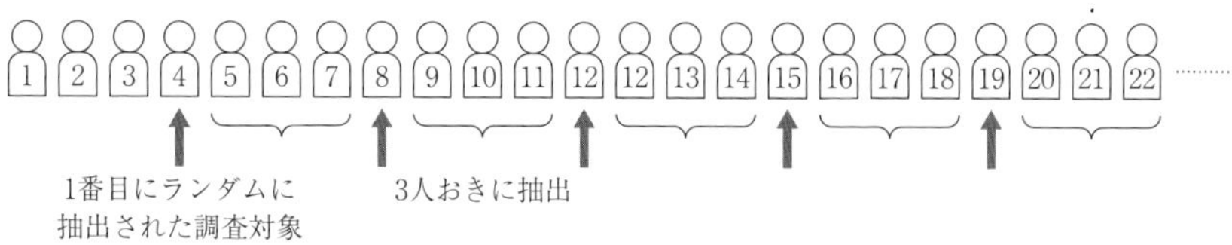

図９−３　系統無作為抽出法

出所：筆者作成。

⑵多段階無作為抽出法

ただ日本国民全員が母集団だったりした場合，全国民のリストなんて手に入らないだろう。そんな時に役に立つのが，この方法である。まず全47都道府県の中から，一部の都道府県を選ぶ。次にその都道府県内から，いくつかの市町村を選ぶ。そして市町村の中で調査対象者を選んでいく。このようにサンプル（標本）を段階的に選び出していくやり方である（図９−４）。

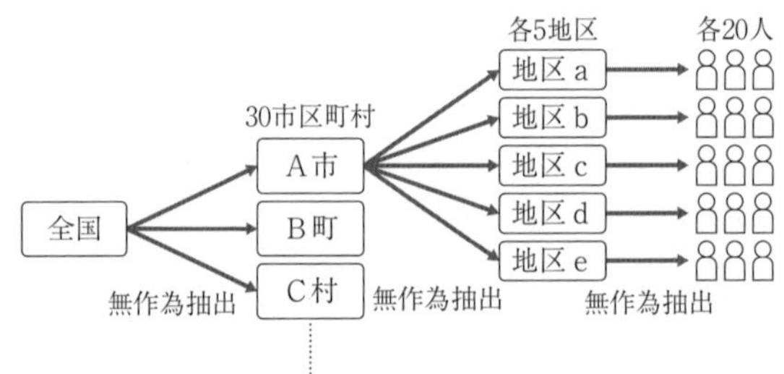

図９−４　多段階無作為抽出法

出所：筆者作成。

⑶層化無作為抽出法

他には層化無作為抽出法というやり方もある。これは，母集団をあらかじめいくつかの層（グループ）に分けておき，各層の中から必要な数の調査対象を無作為に抽出する方法だ。たとえば所属する大学の学生全体の中で，１年生，２年生，３年生，４年生以上にグループを分けておき，学年ごとの割合に沿って調査対象者を選び出していくのである。これは，母集団の属性の中で構成比

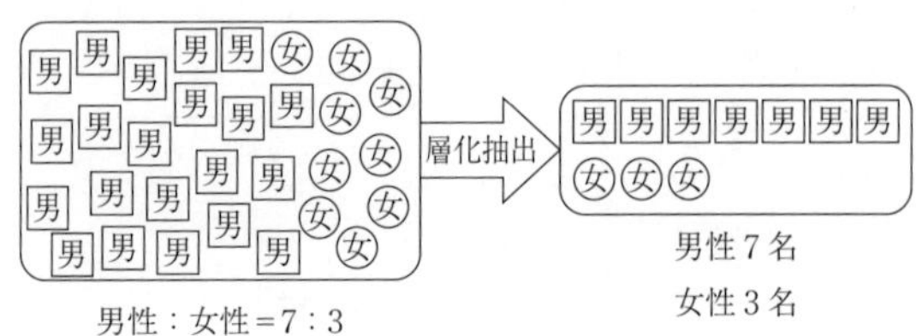

図９−５　層化無作為抽出法

出所：筆者作成。

が既知である時に限ってできるやり方である（図9-5）。

4　必要なサンプル（標本）の数

では，このサンプルの数は，何人くらいが良いのだろうか。

実は，何人でも構わないのである。ただし，サンプル（標本）が少なければ少ないほど，母集団との数の違いが大きくなって，母集団との誤差は大きくなる。日本人1億2500万人を知ろうとして，1万人を選ぶ場合と，10人を選ぶ場合とでは，10人の方が誤差は大きくなるのは明らかであろう。こうした誤差のことを，「標本誤差」という。

誤差を1％に設定すると，集めてこないといけないサンプル（標本）は膨大な数となるし，誤差を10％に設定すると調査結果の信憑性が低くなるとされている。そこで「標本誤差」としては，5％とするのが一般的だ。

卒業論文で何人に調査したら良いかという質問を学生から受けることも多いのだが，それは一概には答えようがない。「標本誤差」についてどれくらいなら許容できるのかによって，必要とされるサンプル（標本）の数は大きく変わってくるからである。

ちなみに，必要なサンプル（標本）数について，計算式を用いて算出する方法は以下の通りである。

$$n = \lambda^2 p\,(1 - p) / d^2$$

n：サンプルサイズ（調査に対して必要な回答数）

p：回答比率（調査対象者の回答の比率：回収率）

d：許容誤差（許容出来る誤差）

λ：信頼水準90％のときは1.64，信頼水準95％のときは1.96，信頼水準95％のときは2.58

たとえば回答比率が70％（p＝0.7）だとして，許容できる誤差が5％

（d＝0.05），信頼水準を95％として $\lambda=1.96$ とした時に，これを式に代入して計算すると，$n=1.96^2\times0.7(1-0.7)/0.05^2\fallingdotseq323$，となる。

面倒くさすぎるという人のためには，最近では以下のようにサンプル数を計算してくれるサイトもあるので使ってもらいたい（https://analysis-navi.com/?p=641）。それでもまだ分かりにくいという人には，かなり思い切った言い方となるが，おおよそ400名くらい調査すればほぼ標本誤差５％に収まることが多いと思っていただいてよい。卒業論文で400名に調査するのも無理だという人は，かなり思いきった言い方だが，せめて100名は超えてもらいとだけ言っておこう。

あと無作為抽出法（ランダム・サンプリング）によって調査することが，いつでも可能であるというわけではないので注意してもらいたい。それは，どんな時だろうか。

無作為抽出法（ランダム・サンプリング）は，母集団のリスト（これを「サンプリング台帳」という）が存在して初めて可能となる。京都の住民が観光に対してどのような思いを抱いているのかを知るためには，京都に居住する地域住民のリスト（「住民基本台帳」や「選挙人名簿抄本」など）を閲覧させてもらい，それを書き写し，サンプリング台帳をつくって，そこからランダム（無作為）にサンプル（標本）を選べばよい。「住民基本台帳」は，市役所の市民課等で扱っている住民票の原簿で，「選挙人名簿抄本」は，（選挙権を有する年齢以上の人が対象となるものの）自治体の選挙管理委員会（多くの場合，市役所内あるいは市役所近辺にある）に保管されている。

しかしツーリズム・リサーチの中には，そのサンプリング台帳が作成できない場合がある。観光客を調査するという場合などがそれである。観光にやって来る人のリストなど，どこにも存在していない。それゆえ，観光客を対象とした調査をしようとしたら，そもそも，無作為抽出法（ランダム・サンプリング）によって標本を選び調査することはできないのである。ただ，そうかといって，いまやって来ている観光客全員を調査する悉皆調査も不可能だ。京都観光にやって来ている観光客をことごとく調査するなど無理である。

では，どうするか。その場合には，無作為抽出法（ランダム・サンプリング）

を諦めるしかない。そうした場合には，自分の都合や自分の好みなどができるだけ入らないように注意して，母集団の属性に近いと思われる形に調査員が調査対象者を選んでいくしかない。もちろん，それによって誤差は大きくなってしまうだろうが，それしか方法はない。

5　エディティング

こうして調査対象者を選び出し，実際に調査を行ったら，次に行うべきはエディティングという作業である。これは，回収された調査票を1票ずつ，丁寧に点検する作業のことをいう。有効票と無効票に分ける作業で，データの精度を上げるために行うのである。

エディティングのポイントは，以下の通りである。

①記入漏れのチェック

a）「非該当」：

回答者が指示に従ってくれて，回答がない場合（当てはまらない人は答えなくてよいとする場合）

b）「回答拒否・不明」といった「無回答」：

「答えたくない（No Answer）」＋「わからない（Don't Know）」

c）「回答し忘れ」といった「無回答」

エディティングのポイント

②誤記入のチェック

③無効票のチェック

ほとんどが空白の調査票，および同じ選択肢にしか○がついていないもの，ふざけた回答等，明らかに調査に協力的でないことが分かるものを点検し，無効票とする（コラム8参照）

④メーキングのチェック

調査員の不正をチェックする

このようなエディティングという作業が大切なのは，データの精度を上げるためであるのはもちろんであるが，実はそれにとどまらない効用もある。たとえばエディティングによって，調査票に「記入漏れ」「誤記入」が多いということが分かったとしよう。そうした場合には，調査票が記入しにくくなっている，ということを示唆していることも少なくないのである。

「回答拒否・不明」が多いのは，なぜなのか。どうして，「賛成」とも「反対」とも答えてくれないのか。このようなことも，エディティングは教えてくれるのである。

コラム8　ふざけた回答

時に，非常にふざけた回答もある。私がこれまで一番，ふざけていると思った回答を紹介しよう。観光客を対象に調査していたときのことだ。選択肢で○をつけている箇所が明らかにおかしい。どういうことだろうと，エディティングにおいて悩んでいた。ふと，○をつけている箇所を線でつないでみようとやってみたら，「バカ」と読めるというものだった。けっこう傷つくものもあって，そうした回答は無効票とする必要がある。

（遠藤英樹）

第10章
データの統計的分析（1）
——単純集計と基礎統計（代表値と散らばり）——

質問紙調査におけるデータの統計的分析は,「単純集計表」を作成することから始まる。また単純集計結果をビジュアルにデータが把握しやすくするためのグラフ作成についても述べていく。そのうえで，質問紙調査のデータを分析するツールとして代表値と散らばりという基礎統計を説明し，最後に単純集計や基礎統計を使って，どのような分析ができるかの例示を行う。

1　データ分析の第一歩

質問紙調査におけるデータの統計的分析は,「単純集計表」を作成することから始まる。単純集計とは，質問項目の一つひとつの集計結果で，質問紙調査の分析において最初に作成すべきものである。各質問項目の回答データ数とその比率（%）が表示されている。

この表により，まずはデータ全体の傾向が把握できる。グランドトータル（grand total）とも言い，GT という略語で呼ばれることもある。表10-１では，有効回答数（880）のうち,「まったく思わない」のカテゴリーに反応したのは0.7%,「あまり思わない」のカテゴリーに反応したのは6.0%,「まあ思う」のカテゴリーに反応したのは47.3%,「とても思う」のカテゴリーに反応したのは46.0%であったことが分かる。

次に，単純集計結果をグラフの形にしていくと，ビジュアルにデータが把握しやすくなる。グラフの種類としては,「棒グラフ」「円グラフ」「帯グラフ」「折れ線グラフ」などがある。こうしたグラフには使用する目的がある。

棒グラフは,「棒の高さで，量の大小を比較する」目的で用いられる。たとえば奈良のイメージ調査を図10-１のような棒グラフにすると，観光客は観光

表10-1　単純集計表の例

	人数	%	累積%
まったく思わない	6	0.7	0.7
あまり思わない	53	6.0	6.7
まあ思う	416	47.3	54.0
とても思う	405	46.0	100.0
合　計	880	100.0	

出所：筆者作成。

地としての奈良に何をイメージする傾向にあるのか一目瞭然となる。円グラフは，図10-2のような調査結果のグラフで分かるように，全体の中での割合をみるのに適している。帯グラフは，構成比，割合を比較するのにすぐれている（図10-3）。折れ線グラフは，数量が増えているか減っているかといった，変化をみるのにすぐれている（図10-4）。

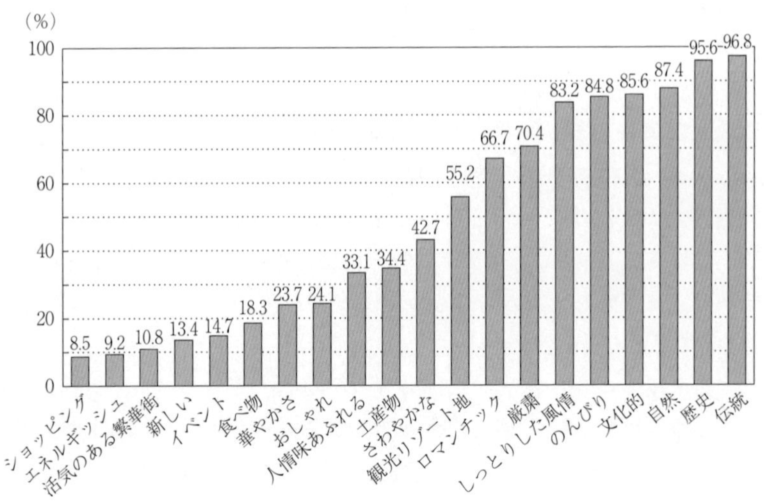

図10-1　棒グラフの例（ツーリストの奈良イメージ〔とても＋まあまあの%〕）
出所：筆者作成。

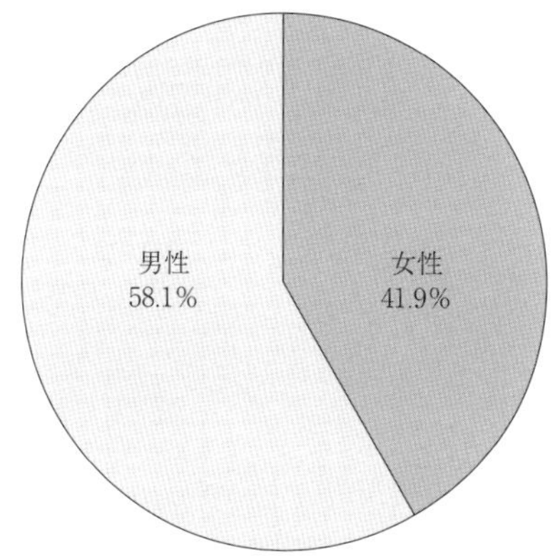

図10-2　円グラフの例

出所：筆者作成。

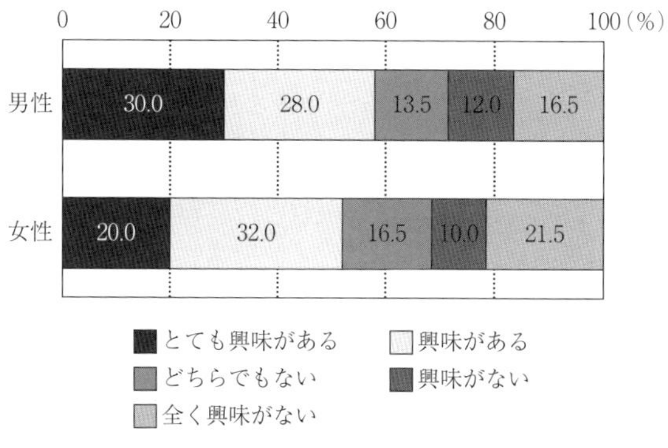

図10-3　帯グラフの例

出所：筆者作成。

たしかにグラフはこのように，データの形を見やすくしてくれる。ただしグラフはウソをつくこともあるので，この点は注意が必要だ。サッカーが好きかどうかを尋ねた調査で，性別ごとで「好き」と回答した人を比較すると図10-5の左のようになったとする。これについて図10-5の右のようなグラフもつくったとしたら，どちらが実情を伝えているグラフだと思うだろうか。

どちらもグラフとして別に間違ってはいない。しかしながら，右側は明らか

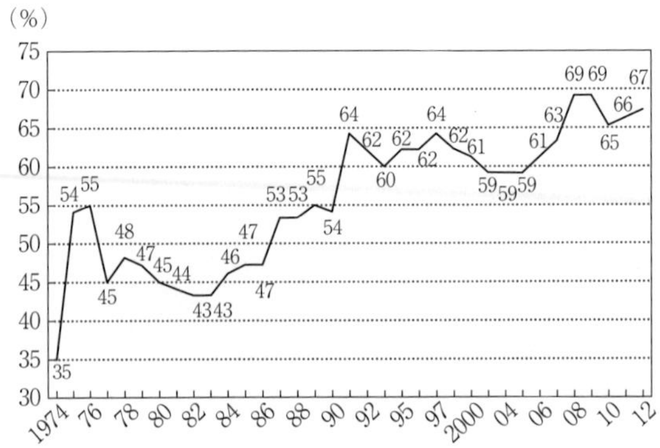

図10-4　折れ線グラフの例（「何か社会のために役立ちたいと思っている」）

出所：内閣府「社会意識に関する世論調査」。

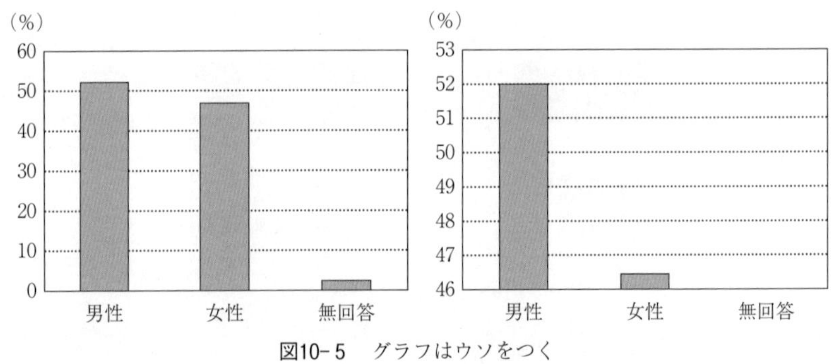

図10-5　グラフはウソをつく

出所：筆者作成。

に，女性を少なく見せようという意図がある。グラフのつくりかたで，人の印象は操作できたりするのである。

2　基礎統計

では，質問紙調査のデータを分析するツールとして，基礎統計を紹介していこう。統計など嫌いだという人もいるかもしれない。しかし，難しい計算は出てこないので安心してもらいたい。

そもそも統計とは何か。それは，「人や物のあつまりの特徴や性質を数量的に測って表現した値」である。「クラスで男性は何人で，女性は何人か」「Kポップの BTS というグループが好きな人はクラスで何人いるか」「クラスで身長160cm 以上の人は何人いるのか」なども，統計の一つだ。何人という数字によって，クラスの特徴を表現しているわけである。その意味で，統計は，相手に何かを伝えようとするための情報であり，言葉なのである。しかし統計とか統計学と聞くと，とても難しいという印象があるかもしれない。そうした人のために統計を学ぶ時には，ある秘訣がある。それは，

①最初は統計理論や難しい計算をあまり考えすぎない。 ②この数字は何を伝えようとしているのかだけに的を絞る。

ということである。

統計を学び始めた最初の頃にまずつまずくのは，Σとか√という記号に惑わされ，どうしてこうした公式になるのか分からないままに一生懸命に計算しようとするからである。だから，（特に最初は）そうした公式など考えずに，エクセルや統計ソフトなどがはじき出してくれる数字がいったい何を伝えようとしているのかだけを考えればよい。

少し思い切った言い方だが，まずはそれくらいでも構わないと思っている。そうして，それら統計に馴染んでいくうちに，「なるほど。こういう背景があって，こんな意味があるから，こんな公式になっているのか」と統計理論や数式の意味が分かってくる。統計学を専門にするのではなく，統計を用いてデータを分析するというのであれば，それで充分だろう。

⑴代表値

こうした統計の基本，ベーシックなものとして，「代表値」と「散らばり」がある。まず「代表値」とは何かについて説明していく。これは，クラスという集団，家族という集団…など，その集団で，ちょうど真ん中にきている身長

や年齢…が，どのあたりなのかを見るためのものである。家族も集団のひとつである。家族という集団の特性を示すために，年齢という数字を考えてみよう。

『サザエさん』の家族をみると，『サザエさん』のサイトには年齢が出ている。それによると，波平54歳，フネ52歳，マスオ28歳，サザエ24歳，カツオ11歳，ワカメ９歳，タラオ３歳だ。このとき代表値とは，「ちょうど真ん中の数字はどこなのか」を表す統計である。その一番ポピュラーと思われるのが平均値である。平均値は，すべての年齢を合計して，人数で割ると導き出せる。

サザエさん一家で言うと，「54＋52＋28＋24＋11＋９＋３＝181」，「181÷７人＝25.857」となる。平均値は25.857歳で，それがちょうど真ん中に来ている値ということなので，サザエさんくらいの年齢だと分かる。

ただし代表値は平均値だけではない。他に中央値というものもある。これは，すべての値を大～小に並べた時に，ちょうど真ん中に来ている値を言う（値が偶数個ある場合には，中央の前後の値の平均値を中央値とする）。

『サザエさん』家族で言うと，年齢を大～小に並べると，「54，52，28，24，11，９，３」となるので，そのちょうど真ん中に来ている値は24で，これが中央値となる。やはり，これでみても，サザエさんの年齢が真ん中に来ていることが分かるだろう。

あと代表値には，最頻値というものもある。これは，何度も何度も，繰り返し，最も頻繁によく出てくる値のことだ。しかし『サザエさん』家の年齢でいうと，年齢は「54，52，28，24，11，９，３」と，すべての値が１回ずつしか出ていない。繰り返されている値は何もないので，この場合，最頻値は「なし」となる。

同じように『クレヨンしんちゃん』の一家はどうだろうか。『クレヨンしんちゃん』のサイトをみると，やはり，こちらも彼らの年齢が出ている。「ひろし」は35歳，「みさえ」は29歳，「しんのすけ」が５歳，「ひまわり」が０歳だ。

まず平均値は，「35＋29＋５＋０＝69」「69÷４人＝17.25」で，「17.25」歳が平均値である。「みさえ」と「しんのすけ」の間くらいの年齢ということだ。中央値はというと，「35，29，５，０」で，値が偶数個（４人分）あるので，中央の前後の値の平均値を中央値とすると，「29+５＝34」「34÷２人」で17歳となる。ほぼ，平均値と似た数字だ。最頻値は，繰り返されている値は何もないので「なし」と考えられる。

このように代表値を使うと，サザエさん家は24～25歳くらい，しんちゃん家は17歳くらいのあたりが真ん中の値であることが分かる。そうすると，しんちゃん家の方が若い家族であるという集団の特徴が見えてくるのである。

ただし，ここで注意してもらいたい。実は，尺度の種類で，使える代表値は変わってくるのである。具体的に言うと，名義尺度において代表値として使えるのは，最頻値のみである。平均値や中央値は使えない。たとえば男性を１という選択肢にして，女性を２という選択肢にしたうえで，「男性，男性，女性，女性」の集団で「１，１，２，２」という数字が得られたからと言って，平均値をとり「1.5」といった値を出しても，それは何の性別も表していない。中央値もそうで，「１」と「２」の間（１＋２＝３，３÷２＝1.5）が中央値になるが，それも意味がなくなる。つまり名義尺度とは，足したり引いたり，かけたり割ったりすることはできないのである。そうしたことが必要でない代表値は最頻値だけだ。そのため名義尺度の代表値としては，最頻値だけが使えることになるのである。

⑵散らばり

基礎統計について，もう一つ「散らばり」も概説しておく。この「散らばり」を示す統計には，分散，標準偏差，出現するカテゴリーの数などがある。

分散や標準偏差というと，いきなり，なにか難しなったという印象があるかもしれない。だが，まったく心配することはない。ややこしい計算は，最初の頃は特にエクセルや統計ソフトに任せて，それが何を伝えようとしているのかだけに絞って考えてみればよい。

「散らばり」とは，集団の数値の散らばり度合いを示している。この数字が大きいほど，集団の数値がまんべんなく散らばっているということになる。サザエさん家としんちゃん家の標準偏差をエクセルで計算してみると，サザエさん家の年齢の標準偏差は18.94くらい，しんちゃん一家の年齢の標準偏差は

表10-2　尺度の種類ごとで使える代表値と散らばり

		名義	順序	間隔	比例
代表値	平均値	×	○	○	○
	中央値	×	○	○	○
	最頻値	○	○	△	△
散らばり	カテゴリーの数	○	○	×	×
	分　散	×	○	○	○
	標準偏差	×	○	○	○

出所：筆者作成。

15.01くらいである。

ということは，サザエさん一家の年齢の方がまんべんなく散らばっているということになる。つまり年齢が高い人（波平）もいれば，低い人（タラちゃん）もいるということだ。逆に，しんちゃん家は，どちらかというと若い人たちが固まって暮らしている家族だということになる。つまりサザエさん家は３世代にわたる家族，しんちゃん家は若い核家族なのである。これが数字を見ることで分かるのだ。

ただし散らばりにおいても，名義尺度は，使えるものが限られている。名義尺度とは，足したり引いたり，かけたり割ったりすることはできないので，そうした計算が必要な分散，標準偏差といったものは使えない。名義尺度において使える散らばりは，「出現するカテゴリーの数」だけだ。

たとえば女子高で生徒の性別を尋ねたら，どうなるだろうか。皆が「女性」と答えるだろう。こうした場合，出現するカテゴリーは「女性」のみである。たった１つのカテゴリーが出現しているというわけだ。これら尺度の種類ごとで使える代表値と散らばりをまとめると，表10-２の通りである。

ところで分散や標準偏差の計算は，どうするか。こちらは忘れてもらっても構わないが，それぞれの値が平均値からどれくらい散らばって離れた値なのかを計算して（それぞれのデータの値－平均値），それを全体で足し合わせていくことで計算していく。

コラム9　偏差値とは

偏差値という言葉を，聞いたことがあると思う。これは，自分の点数を，集団全体の「散らばり」の中で位置づけた場合，どのあたりに位置しているのかを示した値である。散らばりが非常に小さいときと，非常に大きいときとでは，以下の図のように同じ点数をとっていても，意味が違うのである。

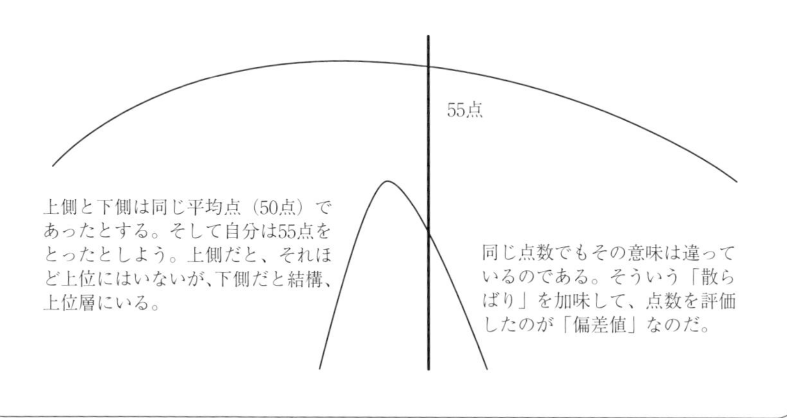

ただし，（それぞれのデータの値－平均値）をそのまま足すと，答えはプラスマイナスで0となってしまうので，＋と－をなくして，全部＋に変えるために二乗する。その値を全部足すのである。これを偏差平方和という。

この偏差平方和（散らばりの総和）をデータの個数（人数）で割ると，データ一つひとつに関しての「平均的な」散らばり具合が算出される。これを分散というが，その値は異様に大きい。なぜか。＋と－をすべて＋に変えるため二乗したからである。そこで，二乗した値をルートして，元の大きさに戻してやったのが，標準偏差である。

(それぞれのデータの値 xi −平均値 $\bar{x}$ を二乗) を全部足す (Σ) ／データの個数・人数 (N)
これをルート (√) する

それっぽい式で表現すると，こんな感じだ。

$$s = \sqrt{\frac{1}{n}\sum_{i=1}^{n}(x_i - \bar{x})^2}$$

s	標準偏差
n	データの総数（例：10個）
x_i	各データの値（例：70点）
x	データの平均（例：平均60点）

急に難しくなったと思ったら，そういう数式ができたからといってどうということはないので忘れてしまって構わない。大事なのは，単純集計や基礎統計を使って，どのような分析ができるかだ。以下では，その使用例を紹介してみよう。

3　単純集計や基礎統計を用いた分析例

(1)単純集計を用いた分析例

観光客を対象に「奈良に対する期待感」に関して調査した際に，単純集計の結果を用いて分析したことがある。質問紙中で「奈良に対する期待感」を尋ねている項目としては，以下①～⑩の項目である。

①質の高いサービスを提供する宿泊施設
②便利でリーズナブルな交通機関
③おいしい郷土料理の提供
④神社や仏閣などの文化財

⑤山や川などの自然とのふれあい
⑥他所にはない刺激的な観光ルートの提供
⑦楽しいショッピング施設の提供
⑧スポーツも含めたレジャー施設の充実
⑨歓楽街など娯楽の場の提供
⑩「古き奈良」を懐古できる文化施設（博物館・美術館など）

これら10個の項目に関して「あなたは，奈良にどれくらい期待できますか」と尋ね，「全く期待できない」「あまり期待できない」「まあまあ期待できる」「とても期待できる」の4分法を採用して回答してもらった。そして①〜⑩に対する回答のカテゴリーとして採用していた，「全く期待できない」「あまり期待できない」「まあまあ期待できる」「とても期待できる」の4分法を2分法に変更した。すなわち「否定的な回答」を示す「全く期待できない」「あまり期待できない」を一緒にして「期待できない」とし，「肯定的な回答」を示す「まあまあ期待できる」「とても期待できる」を一緒にして「期待できる」としたわけである。

そうやって2分法としたうえで，特に「肯定的な回答」を示すカテゴリーである「期待できる」に対する％を比較するべく表10-3の左のような分類枠組をつくった。この枠組に沿って単純集計から導き出した％を分類したのが，図10-3の右である。そうすると，「神社や仏閣」「文化施設」「自然とのふれあい」といったものはⅠ型に，「郷土料理」「交通機関」「宿泊施設」といったものはⅡ型に，さらに「刺激的な観光ルート」「レジャー施設」「ショッピング施設」「歓楽街」は，Ⅳ型に位置づけられると解釈できた。

このようにすれば，単純集計の結果を用いて，「観光地に対する期待感」が，ガイドブックやSNS等のメディアによって形成された「観光地のイメージ度」と，「現状の充実度」をかけ合わせた〈関数〉として生じているという，回答者本人さえ意識していない回答のパターンを発見・解釈できるのである。

表10-3　単純集計を用いた分析

		ツーリストによる奈良イメージ度	
		高	低
現状の充実度	高	Ⅰ	（Ⅲ）
	低	Ⅱ	Ⅳ

		ツーリストによる奈良イメージ度	
		高	低
現状の充実度	高	文化施設（93.7） 自然とのふれあい（93.7） 伝統的な文化財（95.9）	該当項目なし
	低	リーズナブルな交通機関（63.3） おいしい郷土料理（66.2） 質の高い宿泊施設（71.2）	賑やかな歓楽街（26.2） ショッピング施設（31.8） 楽しいレジャー施設（41.5） 刺激的な観光ルート（56.5）

※（　）内は％

出所：筆者作成。

⑵基礎統計を用いた分析例

観光行動が，ライフスタイルに関わる価値観とどのようにリンクしているのかを考察するために，観光客を対象に調査を行ったことがある。

人々の生き方を尋ねる項目として，「これからは物質的な豊かさよりも，心の豊かさやゆとりのある生活をすることに重きを置きたいと思う」を挙げ，「まったく当てはまらない」「あまり当てはまらない」「まあまあ当てはまる」「と

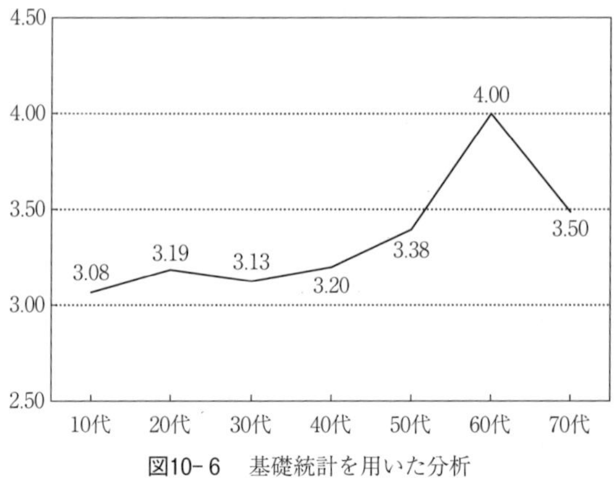

図10-6　基礎統計を用いた分析

出所：筆者作成。

ても当てはまる」の４分法で回答してもらい，それぞれに１～４点の得点を与えて数値化した。それを年齢別で分け，年齢ごとの平均値を算出した。この値を折れ線グラフにしたものが，図10-６である。

これを見ると，年齢によるライフスタイルに関わる価値観の変化が見てとれるのである。「心の豊かさやゆとりのある生活をすることに重きを置きたい」という価値観は，60代でピークとなっていたのである。こうした価値観をもつ人が，どの場所・地域で，どのような観光行動をとっているのか。そのことを，ここを出発点として分析できるのである。

（遠藤英樹）

第11章
データの統計的分析（2）
――クロス集計表とカイ二乗検定――

単純集計や，代表値や散らばりなどの基礎統計を用いて，データの傾向を知ることはとても大切である。ただ，これらは，あくまで1つのデータに絞った分析である。これらだけでは，2つのデータ間の関係は分からないままである。2つのデータ間の関係を知るための統計としては，「クロス集計表とカイ二乗(じじょう)検定」がある。本章では，これらの統計手法について概説し，これらの統計手法を使って，どのような分析ができるのかを述べていく。

1　クロス集計表とは

クロス集計表とは，どのような表か。これは，縦軸（英語で「column」という）と横軸（英語で「row」という）を交差（クロス）させてつくる表のことである。

あくまで架空に作成したもので，現実のデータによるものではないが，表11-1を見てもらうと分かりやすいかもしれない。この表は，「旅行に行くこと

表11-1　「旅行へ行くことが好きか否か」と「性別」とのクロス集計表（1）

	旅行に行くこと		計
	好き	きらい	
男性	10 20.00%	40 80.00%	50
女性	40 80.00%	10 20.00%	50
計	50	50	100

出所：筆者作成。

が好き／きらい」データを縦軸に，「男性／女性」データを横軸にして，２つのデータをクロスさせてつくられている。こうした表がクロス集計表と呼ばれるものである。

この表を見ることで，何が分かるだろうか。

男性と女性を比較してみよう。「旅行に行くことが好き」と回答した人は，男性では10人（20%）にとどまっているのに対して，女性は40人（80%）もいる。逆に「旅行に行くことがきらい」と回答した人は，男性では40人（80%）もいるのに対して，女性は10人（20%）しかいない。

そうだとするならば，「旅行に行くことが好き」と回答した人は男性よりも女性に多く，「旅行に行くことがきらい」と回答した人は女性よりも男性に多いということになる。つまり傾向として，女性は「旅行に行くことが好き」と回答する傾向にあり，男性は「旅行に行くことがきらい」と回答する傾向にあると分かるのである。

このようにクロス集計表を作成することで，２つのデータ間に，どのような関係性が存在しているのかを知ることができる。ただし，%の大小だけだと，２つのデータの関係が分からないときもあることに注意しなければならない。

表11-2を見てみよう。男性と女性を比較してみると，「旅行に行くことが好き」と回答した人は，男性が24人（48%）だったのに対して，女性が26人（52%）である。このとき，男性24人（48%），女性26人（52%）だから，女性の方が「旅

表11-2　「旅行へ行くことが好きか否か」と「性別」とのクロス集計表（2）

	旅行に行くこと		計
	好き	きらい	
男性	24 48.00%	26 52.00%	50
女性	∧ 26 52.00%	∨ 24 48.00%	50
計	50	50	100

出所：筆者作成。

行に行くことが好き」と回答する傾向にあるといえるだろうか。

先ほどの表11-1では，男性10人（20%），女性は40人（80%）だから，女性の方が「旅行に行くことが好き」と回答する傾向にあると言ってもさしつかえなさそうだった。男性20%，女性80%で，60%もの差があるとよいのだが，表11-2のように男性48%，女性52%と，4%の差しかないのに，女性の方が「旅行に行くことが好き」と回答する傾向にある，と判断してもはたしてよいのだろうか。

2　カイ二乗検定とは

クロス集計表で出てきた%の違いは，データどうし関係があるから出てきた「意味のある違い」なのか。それとも，たまたま偶然に生じたにすぎない「意味のない違い」なのか。

クロス集計表だけだと，その%の違いが，データ間の関係性ゆえに出てきている違いなのか，それともたまたま偶然に生じている違いにすぎないのかは，分からない。この違いが，たまたま偶然に生じた「意味のない違い」であるという確率が，どれくらいあるのかを知る統計が，カイ二乗検定なのである。

カイ二乗検定とは，あなたが証明したい仮説（ここでは「旅行の好き嫌いと性別は関係ある」ということ）が，本当にそうなのかを考えるための統計なのである。その時に，カイ二乗検定では，あなたが証明したい仮説（＝旅行の好き嫌いと性別は関係ある）の真逆になるような仮説を，わざとたてる。これを「ライバル仮説」という。

具体的には，「旅行の好き嫌いと性別など関係ない。%の違いは偶然に生じたものにすぎない」と主張する仮説だ。そして，このライバル仮説（旅行の好き嫌いと性別など関係ない。%の違いは偶然に生じたものにすぎない）が，成立してしまう確率を算出するのである。

この確率が低ければ低いほど，あなたがもともと証明したかった仮説（＝旅行の好き嫌いと性別は関係ある）が正しいということに近づいていくというわけだ。それでは，ライバル仮説が成立してしまう確率は，どれくらいならOK

なのだろうか。この確率が低ければ低いほどよいのであるが，統計学的には，ぎりぎり５％に抑えたいとされる。その基準は，以下のように考えるとよいだろう。

ライバル仮説（%の違いは偶然に生じたものにすぎない）が成立する確率が

５％以上なら
あなたが証明したい仮説が成立する確率は95％を下回る。「却下」（これを「棄却される」という）。

５％未満なら
あなたが証明したい仮説は95％以上で成立する可能性がある。ぎりぎり却下（棄却）されない。

１％未満なら
あなたが証明したい仮説は99％以上で成立する可能性がある。却下（棄却）されない。

0.1％未満なら
あなたが証明したい仮説は99.9％以上で成立する可能性がある。まったくもって却下（棄却）されない。

3　カイ二乗値の算出方法

ここまで理解してもらえば，本節は算出方法の説明なので，クロス集計表とカイ二乗検定の説明はこれで終わり，次節へジャンプしても大丈夫である。「読むのが面倒だな」と感じたら無理せずとも構わない。カイ二乗値の計算は，自分で計算できなくても，統計ソフトを用いてコンピュータで算出できるので，それに任せておけばよいのだ。

ただ，カイ二乗値の算出方法を知ると，カイ二乗検定とはどのような統計なのか，その意味をより深く理解できるので，まだ余裕があるようならぜひ読んでもらいたい。カイ二乗値は，まず「期待値」を算出するところから始まる。

「期待値」とは，確率通りになったとしたら生じる値のことである。たとえば，質問紙調査で100名の人々から回答を得られたとする。「性別」は，男性50名，女性50名の半分ずつだったとしよう。「旅行の好き嫌い」も，好きと回答した人50名，嫌いと回答した人50名の半分ずつだったとする。このとき確率通りに数字が出てくるとしたら，男性で好きと回答した人は何人になるだろうか。

男女半分ずつ，好き嫌いも半分ずつなので，50%（男性の比率）×50%（好きの比率）＝25%で，25人になるだろう。他も同じように計算すればよい。そうすると男性で嫌いと回答した人も25名，女性で好きと回答した人も25名，女性で嫌いと回答した人も25名となるはずだ。これが，「期待値」と呼ばれるものである。「期待値」とは，確率通りだとするならば計算上で予想（期待）される値のことである。

にもかかわらず，実際に測定して得られた値（これを「実測値」という）を見ると，表11-1のように，男性で好きと回答した人が40名だったとする。「実測値」がこれほど「期待値」からズレているのは，どうしてか。

それは，偶然に生じている（確率通り）以上の，なんらかの意味がそこにあるからだろう。「実測値」が「期待値」からズレていればいるほど，２つのデータは，たんなる確率を超えたなんらかの意味ある関係性があるのだといえる。

したがってカイ二乗値は，「実測値」と「期待値」のズレを軸にして，次のように計算されているといえる。

（1）それぞれの枠（セル）（男性×好き，男性×嫌い，女性×好き，女性×嫌い）で「実測値」と「期待値」のズレを計算する。

「実測値」－「期待値」

（2）「実測値」－「期待値」を計算して出てくるプラスの符号と，マイナスの符号が，足し合わせていった時に相殺しゼロになったりしないように，二乗しておく。

（「実測値」－「期待値」）^{2}

（３）その値を，（それぞれの枠（セル）の人数の違いを考慮して）各枠（セル）が実測値「１」だとしたら，「実測値」と「期待値」のズレの程度がどれくらいになるかを知るために，それぞれの枠（セル）の実測値で割る。
（「実測値」－「期待値」）^{2}／実測値

（４）クロス集計表全体でのズレの程度を知るために，その値を足していく。
（「実測値」－「期待値」）^{2}／実測値　を全部足す。

算出方法は最初とまどうので，面倒に思うかもしれない。だが慣れてしまえば，どうということはないので，少しずつでよいので慣れていってもらいたい。とはいえ，どうしても分かりにくいという時には，無理せず，計算はスルーして統計ソフトに任せておけばよい。

こうやって算出されたカイ二乗値（上の例でいえば，「56.25」という値）が生じる確率を，カイ二乗分布表を使って求めていく。表11－１のデータだと，「56.25」という値がカイ二乗値だ（表11-３）。この値は，表11－５にあるカイ二乗分布表の「自由度」１の右端の数値（10.828）よりも大きい。それゆえ，２つのデータが関係ないという確率（p 値）は0.001未満となる。したがって，

表11-３　カイ二乗値の算出方法

	旅行に行くこと		計
	好き	きらい	
男性	10－25＝－15 －15^2＝225 225÷10＝22.5	40－25＝15 15^2＝225 225÷40＝5.625	50
女性	40－25＝15 15^2＝225 225÷40＝5.625	10－25＝－15 －15^2＝225 225÷10＝22.5	50
計	50	50	100

出所：筆者作成。

コラム10　自由度とは

カイ二乗値が生じる確率を，カイ二乗分布表から求めていくにあたって，「自由度」という言葉も理解しておく必要がある。これは，（縦軸の項目数－1）×（横軸の項目数－1）で求められる。

たとえば「旅行に行くことが好き／きらい」データを縦軸に，「男性／女性」データを横軸にしていたら，縦軸は「好き」と「きらい」の2つの項目から成り立っている。横軸は「男性」と「女性」の2つの項目だ。したがって，（2－1）×（2－1）＝1，がその自由度となる。

どうして「自由」度というか。それは，表11-4にあるように，「旅行に行くことが好き／きらい」それぞれの合計，「男性／女性」それぞれの合計が分かっている時に，1つの枠（セル）の数値を「自由」に埋めてしまうと，あとは「必然的に」値が決まってしまうからである。「自由」に入れることができる枠（セル）が1つだけだから，「自由度」は1になる，というわけである。

表11-4　「自由度」の考え方

この枠（セル）の数値が決まると，あとの枠（セル）は必然的に数値が決まる。

	旅行に行くこと		計
	好き	嫌い	
男性	10 20.00%		50
女性			50
計	50	50	100

出所：筆者作成。

表11-5　カイ二乗の度数分布表（カイ二乗値）

自由度＼P値	0.95	0.90	0.70	0.50	0.30	0.10	0.05	0.01	0.001
1	0.004	0.016	0.148	0.455	1.074	2.706	3.841	6.635	10.828
2	0.103	0.211	0.713	1.386	2.408	4.605	5.991	9.210	13.816
3	0.352	0.584	1.424	2.366	3.665	6.251	7.815	11.345	16.266
4	0.711	1.064	2.195	3.357	4.878	7.779	9.488	13.277	18.467
5	1.145	1.610	3.000	4.351	6.064	9.236	11.070	15.086	20.515
6	1.635	2.204	3.828	5.348	7.231	10.645	12.592	16.812	22.458
7	2.167	2.833	4.671	6.346	8.383	12.017	14.067	18.475	24.322
8	2.733	3.490	5.527	7.344	9.524	13.362	15.507	20.090	26.124
9	3.325	4.168	6.393	8.343	10.656	14.684	16.919	21.666	27.877
10	3.940	4.865	7.267	9.342	11.781	15.987	18.307	23.209	29.588
	有意でない						有意		

出所：https://econoshift.com/ja/chi-square-distribution/（20230905閲覧）

「旅行に行くことが好きかきらいか」と「性別」が関係あるという，あなたが証明したい仮説は「まったくもって却下（棄却）されない（胸をはって主張できる）」ことになる。

4　クロス集計表とカイ二乗検定を用いた分析例

⑴ディズニーリゾートとSNSの関係

ある講義科目を受講していた学生を対象に，質問紙調査を実施したことがある。その中に「ディズニーリゾートが好きか否か」「SNSを使うか否か」の項目があり，これについてSPSSという統計ソフトを使ってクロス集計表を作成してみたのが，表11-6である。

カイ二乗検定の結果を見てみると，「0.000」となっている。つまり，「『ディズニーリゾートが好きか否か』と『SNSを使うか否か』は関係ない。％の違いは偶然に生じたものにすぎない」という確率は，ほぼ０％ということである。すなわち，両者が関係しているという，証明したい仮説は，まったくもって却下（棄却）されないということになる。

表11-6　「ディズニーリゾートが好きか否か」と「SNSを使うか否か」のクロス集計表

ディズニーリゾートとSNSのクロス表

			SNS				
			よく使っている	まあ使っている	あまり使っていない	まったく使っていない	合計
ディズニーリゾート	とても好き	度数	39	9	0	2	50
		ディズニーリゾートの%	78.0%	18.0%	0.0%	4.0%	100.0%
	まあ好き	度数	29	15	3	2	49
		ディズニーリゾートの%	59.2%	30.6%	6.1%	4.1%	100.0%
	あまり好きでない	度数	2	1	4	0	7
		ディズニーリゾートの%	28.6%	14.3%	57.1%	0.0%	100.0%
	まったく好きでない	度数	2	1	1	1	5
		ディズニーリゾートの%	40.0%	20.0%	20.0%	20.0%	100.0%
合計		度数	72	26	8	5	111
		ディズニーリゾートの%	64.9%	23.4%	7.2%	4.5%	100.0%

カイ2乗検定

	値	自由度	漸近有意確率(両側)
Pearsonのカイ2乗	37.521[a]	9	.000
尤度比	25.576	9	.002
線型と線型による連関	11.691	1	.001
有効なケースの数	111		

a. 12セル(75.0%)は期待度数が5未満です。最小期待度数は.23です。

←この数値を見る

出所：筆者作成。

そこでクロス集計表の%を読み解いていくと，ディズニーリゾートが「とても好き」「まあ好き」「あまり好きでない」「まったく好きでない」と回答した人のうちで，SNSを「よく使っている」と回答した人の割合は，ディズニーリゾートが「とても好き」と回答した人の場合は78%，「まあ好き」は59.2%，「あまり好きでない」は28.6%，「まったく好きでない」は40%となっている。すなわち，ディズニーリゾートが好きと回答する人ほど，SNSをよく使うと回答する傾向にあるといえるのだ。ディズニーリゾートへ観光に行く際に，現在，インスタグラムで写真を投稿したりするなどSNSが果たしている役割が非常に大きいことが分かる。

(2)まとめ方

このことを卒業論文やレポートで実際にまとめていく際のサンプルとして，以下を活用することも考えてもらってもよい。

「ディズニーリゾートが好きか否か」と「SNSを使うか否か」のクロス集計表を作成し，カイ二乗検定を行った。その結果，両者の関係は統計的に有意であった（$\chi^2(_9) = 37.521$，$p < .01$）。　→　（「$\chi^2(_9) = 37.521$，$p < .01$」とあるのは，「自由度9のクロス集計表で，カイ二乗値は37.521である。そのとき，『2つのデータが関係ない。%の違いは偶然に生じたものにすぎない』という確率は，0.01未満となる」という意味である。）

そこでクロス集計表を検討していくと，ディズニーリゾートが「とても好き」「まあ好き」「あまり好きでない」「まったく好きでない」と回答した人のうちで，SNSを「よく使っている」と回答した人の割合は，ディズニーリゾートが「とても好き」と回答した人の場合78%，「まあ好き」は59.2%，「あまり好きでない」は28.6%，「まったく好きでない」は40%であった。

このことから，ディズニーリゾートが好きと回答する人ほど，SNSをよく使うと回答する傾向にあると分かる。なぜ，そうなるのか。それは，現在，ディズニーリゾートの観光のあり方がSNSと密接に結びついたものになっているからだと解釈できる。すなわち，SNS映えするデジタル写真を撮影し，それを投稿することまでが，ディズニーリゾートにおける観光行動に含まれているからである。

このサンプルの最後にあるように，最終的には，自分の解釈をしっかりと示すことが何よりも大事である。計算などは統計ソフトを用いてコンピュータがしてくれる。しかし解釈はコンピュータがしてくれない。それぞれが，どういう解釈をするのかを，データを用いて明瞭に示すことが大切なのである。

その時には，いろいろ別の解釈が成り立つかもしれない。「いや，そうじゃないでしょう」と反論してくる人もいるだろう。そうしたときでも，それを梃子にして，どの解釈が妥当かをめぐって，また新たなデータが積み上げられ，学問が進展するのである。

前章で，このことを「反証可能性」の説明で伝えていたように，自分の言っていることが決して，「正解」を導き出すことではなく，自分の考えを誰かがつねに反証・批判できるように開いておくこと――これこそが重要なのである。「科学的立場」で大事なのは，「正しいことを言う」ことではないのだ。大事なのは，「つねにバージョンアップし修正していく」ことなのである。

（遠藤英樹）

第12章
データの統計的分析（3）
――相関係数，多変量解析の概説――

前章で述べたクロス集計表は，２つのデータ間の関係を考えるうえで有効な統計手法である。しかし，２つのデータ間の関係を考える統計は，それだけではない。ここでは，統計学者カール・ピアソンが考えた相関係数（ピアソンの積率相関係数と言われる）を紹介していく。そのうえで，これをもと考案されている多変量解析という統計手法についても概説していく。

1　データ間のいろいろな関係

人間の世界には，多種多様な関係が見られる。ある人とは友人関係，ある人とは夫婦関係，ある人とは同僚関係，ある人とは親子関係といったように，私たちは実に多くの人々と多種多様な関係を取り結びながら，この社会を生きている。

人間の世界にいろいろな関係が見られるのと同じく，データの世界にも，いろいろな関係が見られる。データとデータとの関係を考えてみると，まず，正（＋）の比例関係がある。

正（＋）の比例関係とは，どのようなものか。これは，一方の数（x）が増えると，もう一方の数（y）が増える関係をいう。一方のｘが２倍になれば他方のｙも２倍，一方のｘが３倍になれば他方のｙも３倍，一方のｘが４倍になれば他方のｙも４倍になるような関係だ。数式では，「y ＝ ax」と表すことができる。たとえば100円（＋ a）のペンを１本（x）だけ買ったら100円（y）だが，２本（x）買ったら２倍の200円（y），３本（x）買ったら３倍の300円（y）になる（y ＝ ＋100x）。このような形で，ｘとｙの２つのデータが線形で，一緒に正の方向に変化する（「共変動」する）時に，それは，正（＋）の比例関係

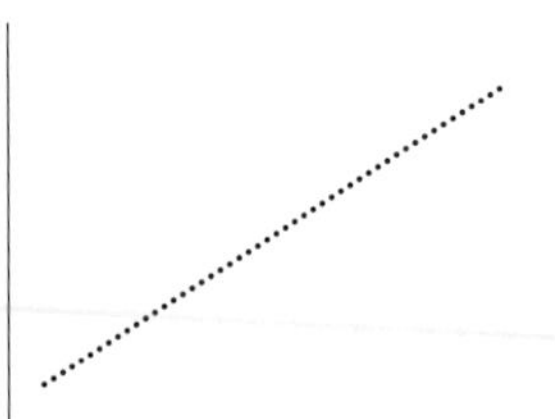

図12-1　正（+）の比例関係
出所：筆者作成。

にあるという（図12-1）。

だが，データとデータの関係は，正(+)の比例関係ばかりではない。負(−)の比例関係もある。これは，一方のxが2倍になれば他方のyは2倍マイナス，一方のxが3倍になれば他方のyも3倍マイナス，一方のxが4倍になれば他方のyも4倍マイナスになるような関係で，「y = − ax」で表すことができる。たとえば財布から1万円を抜いて（マイナスして）（− a），お年玉を子供1人（x）にあげたら1万円のマイナス出費（y），2人（x）にあげたら2万円のマイナス出費（y），3人（x）にあげたら3万円のマイナス出費（y）になる（y = −10000x）。xとyの2つのデータが線形の関係ではあるが，一方が正の方向に変化すると他方は負の方向に変化する（負の形で「共変動」する）時に，それは，負（−）の比例関係にあるという（図12-2）。

さらには「反比例」という関係もある。これは，xが2倍，3倍…になるにつれて，yは1/2倍，1/3倍…になるような関係である（図12-3）。数式に

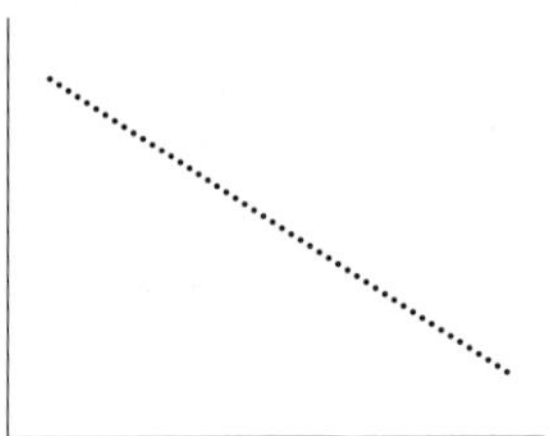

図12-2　負（−）の比例関係
出所：筆者作成。

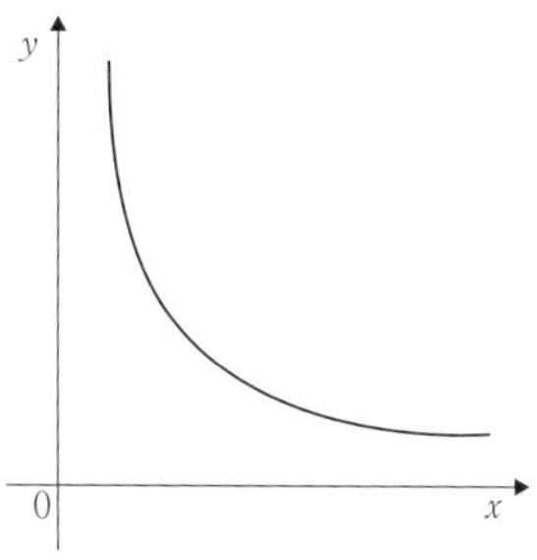

図12- 3　反比例の関係

出所：https://studyvision.info/study-proportional-and-inverse-proportion-231/ 2 /（20230908閲覧）

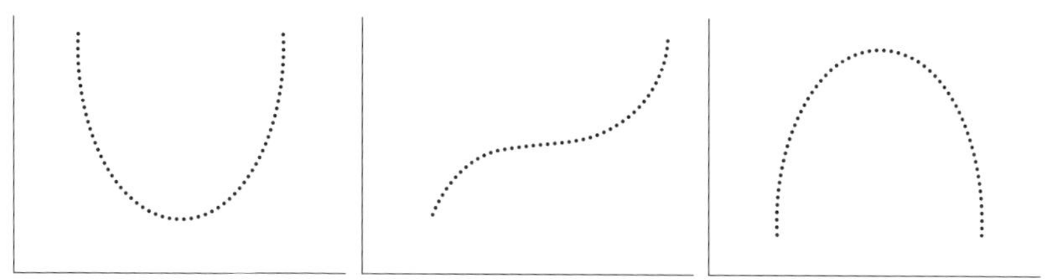

図12- 4　それ以外の，データとデータの関係

出所：筆者作成。

すると，「y ＝ a/x」で表すことができる。たとえば，いま目の前にケーキが１個（a）あったとする。１人（x）ならまるごと１個（１/１）（y）食べることができる。そこへ友だちが１人やって来て２人（x）で分けると，自分が食べることができるのは半分（１/２）（y）になる。もう１人やって来て３人（x）で分けると，１/３個（y）となる，といった関係だ。

このようにデータとデータの関係は，実に，多種多様，様々なのである（図12- 4）。

2　相関係数とは

これら様々な関係の中で，「相関係数」は，どのような関係を捉えていく統計なのか。それは，正（＋）の比例関係と，負（－）の比例関係に限られてい

コラム11　相関係数の計算方法

相関係数は，以下の式でもとめられる。

相関係数（r_{xy}）
＝ｘとｙの共分散／ｘの標準偏差×ｙの標準偏差
＝

$$\frac{\Sigma\ (\text{xのデータ－xの平均値})\times(\text{対応するyのデータ－yの平均値})／\text{データの個数}}{\text{xの標準偏差}\times\text{yの標準偏差}}$$

計算手順は，以下の通りである。
（１）（ｘのデーター－ｘの平均値）×（それに対応するｙのデーター－ｙの平均値）を求める。
（ｘのデーター－ｘの平均値）×（それに対応するｙのデーター－ｙの平均値）
◎これは，ｘデータと，それに対応するｙデータが平均値からどれくらい「一緒になって」離れていくものなのかをみていることになる。

（２）全部足す（Σ）。
Σ（ｘのデーター－ｘの平均値）×（それに対応するｙのデーター－ｙの平均値）
◎これは,「全体として」ｘデータと，それに対応するｙデータがどれくらい「一緒になって」平均値から離れていくものなのかをみている。

（３）この値をデータの個数でわる。
Σ（ｘのデーター－ｘの平均値）×（それに対応するｙのデーター－ｙの平均値）／データの個数
◎データ数の多い少ないがあるので，データの個数によって値の大小が生まれないように「均一にすると」，ｘとｙがどれくらい「一緒になって」平均値から離れていくものであるのかをみている（こうして求めたものを「共分散」という）。

（４）ｘの標準偏差×ｙの標準偏差　を求める。

（５）上の（３）の答えを（４）の答えで割る。
◎標準偏差はｘとｙのそれぞれの散らばりを意味しているので，「ｘの標準偏差×ｙの標準偏差」が分母になっていることで「ｘの散らばりとｙの散らばりの全体において」，共分散の程度を知ることになる。ｘとｙがどれくらい「一緒になって」平均値から離れていく程度である「共分散」が，「ｘの散らばりとｙの散らばりの全体」にまるまる一致していたら，「＋1.0」や「－1.0」になるわけだ。

る。これらの関係にどれほど当てはまっているのか，その当てはまりの程度を数字で表したものが「相関係数」である。つまり「相関係数」とは，データ間に存在する正（＋）の比例関係，あるいは負（－）の比例関係の当てはまりの程度を数値で表しているものだと考えてもらってもよい。

この相関係数は，どのように算出すればよいのか。算出方法に関心がある方は「コラム11」をご覧いただきたい。しかし統計に特に関心のない方は，思い切ってジャンプすればよい。計算は統計ソフトに任せよう。ここでは，統計ソフトがはじきだしてきた数値を，どのようにみていけばよいのかだけ理解してもらえば十分である。

正（＋）の比例関係の場合，相関係数は最大で「＋1.0」である。10個のデータがあったら10個とも，100個のデータがあったら100個とも，データが正(＋)の比例関係にぴったりと重なっていたら「＋1.0」になるのである（厳密には違うが，そう考えるとイメージは掴みやすいだろう）。そうではなく正（＋）の比例関係に，まったくもって重なり合っていない場合には，限りなく「０」に近づいていく。

では，統計ソフトがはじきだしてきた相関係数の数値をどのようにみればよいのか。その基準は，どのような学問領域で相関係数が使われるのかで違っており，統一的な基準はない。ただし統一的な基準ではないものの，よく使われるのは次のような基準である。

0	～	＋0.2	：	ほとんど正（＋）の比例関係がない
＋0.2	～	＋0.4	：	やや正（＋）の比例関係がある
＋0.4	～	＋0.7	：	かなり正（＋）の比例関係がある

+0.7	～	+1.0	：	強い正（+）の比例関係がある

負（－）の比例関係の場合には，先ほどのものに，マイナスの符号がついてくる。負(－)の比例関係にぴったりと重なり合っているような関係であれば，「相関係数」の値は，「－1.0」となるというわけだ。重なり合っていない場合には，限りなく「0」に近づいていく。

0	～	－0.2	：	ほとんど負（－）の比例関係がない
－0.2	～	－0.4	：	やや負（－）の比例関係がある
－0.4	～	－0.7	：	かなり負（－）の比例関係がある
－0.7	～	－1.0	：	強い負（－）の比例関係がある

なお，この「相関係数」は，データが「名義尺度」の場合には使えないことにも注意しておきたい。「名義尺度」とは何だったか忘れた人は，第9章に戻ってデータに4つの種類があったことを思い出してほしい。

相関係数の計算には平均値や，それに基づいて標準偏差などを用いるのだが，名義尺度のデータは，平均値は使えなかった。そのため，そうした平均値や標準偏差を計算のプロセスで必要とする「相関係数」も，「名義尺度」がある場合には用いることはできないのである。相関係数を使うためには，データが，「順序尺度データ」「間隔尺度データ」「比例尺度データ」であることが必須条件だ（表12-1）。名義尺度データが入っている時には，前章で説明した「ク

表12-1　データの種類

尺度の種類	尺度の特徴
名義尺度	数字はたんに名義的にわりふっているだけ
順序尺度	数字には順番・序列がある
間隔尺度	数字の間隔は，すべて等間隔
比例尺度	ゼロはまったく何も無い状態

出所：筆者作成。

コラム12　因果関係の3条件

2つのデータxとyが因果関係にあるためには，3つの条件を満たす必要がある。まず，(1)「xとyが共変関係にあること」である。ただ，これだけでは，本当に因果関係であるかどうかは分からない。因果関係であるためには，(2)「原因（x）が時間的に先に起こっていなくてはならない」という条件も満たす必要がある。そして，(3)「他のことがらが原因であるとは考えにくいこと」も考慮しなくてはならない。

コラム13　独立変数と従属変数

データ間の因果関係を考えるとき，結果側のデータ（変数）は原因によって変化し，原因に従属しているものなので，「従属変数」という。それに対して原因側のデータ（変数）は結果に先だって独立しているものなので，「独立変数」といわれる。

ロス集計表とカイ二乗検定」など他の統計手法を用いながら，データとデータの関係性を考えていかなくてはならないのである。

3　多変量解析の概説

相関係数は，xとyの2つのデータが一緒になって変動する関係性にあるのかどうかを探る統計手法として非常に有効である。では一体どういう時に，xとyの2つのデータが共変動する関係（すなわち共変関係）にあるのだろうか。

それは，大きく2つに分けることができる。ひとつは，xとyが「因果関係」にあるときである。たとえば「気温（x）が高くなると，海水温（y）が上昇する」場合などは，これに相当するだろう（コラム12も参照）。

もうひとつは，xとyが「似たもの同士の関係（類似関係）」にあるときである。たとえば，「数学の成績（x）が良い人は，理科の成績（y）も良い傾向がある」とするなら，こうした場合がそれにあたる。「数学の成績（x）」と「理科の成績（y）」は因果関係にあるから共変しているというよりも，どちらも理系科目である「似たもの同士の関係（類似関係）」にあるから，共変していると判断できる。

相関関係から見えてくる「因果関係」と「似たもの同士関係（類似関係）」を，2つのデータにとどまらず，xとyとz…，3つ以上の多くのデータ（変数・変量）間で考察しようとする統計手法が，多変量解析というものである。3つ以上の多くのデータから原因（原因は複数）と結果という「因果関係」を探るときの多変量解析には「重回帰分析」などがあり，3つ以上のデータ間に潜む「似たもの同士関係（類似関係）」を探るときの多変量解析には「因子分析」「クラスター分析」などがある。

さらには，「似たもの同士関係（類似関係）」を探り，それらをまとめ上げていったうえで，因果関係を探る「共分散構造分析」もある（図12-7）。これは「回帰分析」（図12-5）と「因子分析」（図12-6）をミックスしたような多変量解析といえる。こうした多変量解析を使えると分析の幅が格段に拡がっていくので，これらにもできれば次第になじんでいってもらいたい。

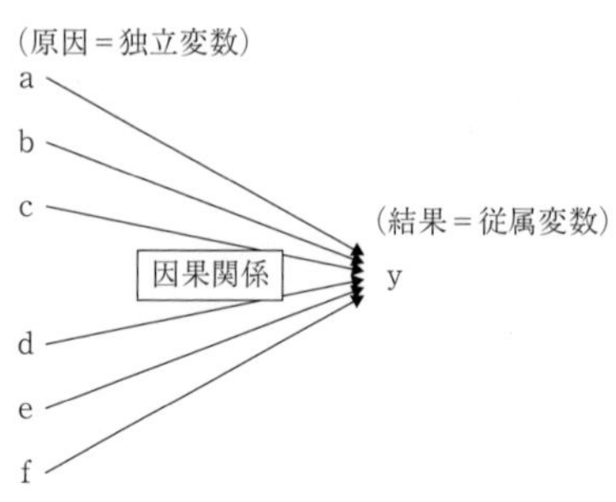

図12-5　重回帰分析のイメージ

出所：筆者作成。

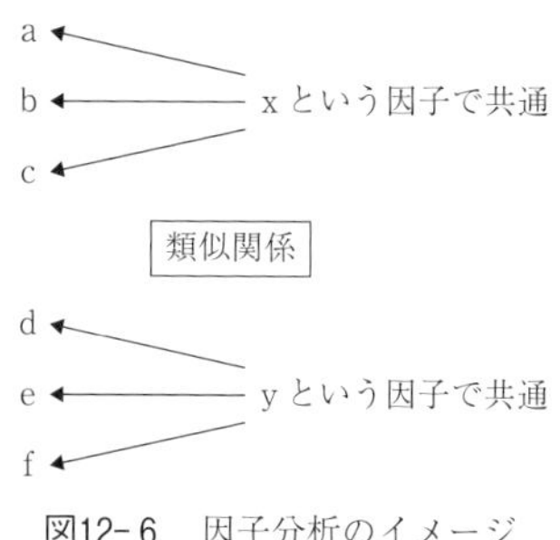

図12-6　因子分析のイメージ
出所：筆者作成。

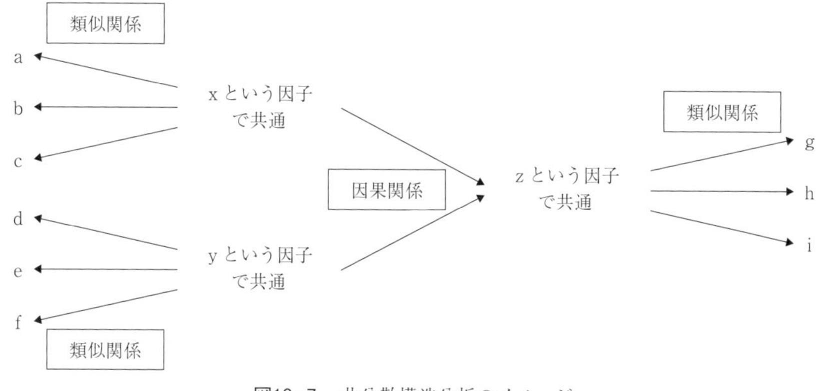

図12-7　共分散構造分析のイメージ
出所：筆者作成。

4　相関係数を用いた分析例

では，相関係数を使って，卒業論文やレポートで実際にどのように考察をまとめていけばよいのか。以下では，そのサンプルを呈示する。その際にはデータとして，前章でも取り上げた「ディズニーリゾートが好きか否か」「SNSを使うか否か」のデータを用いることにしよう。

「ディズニーリゾートが好きか否か」と「SNSを使うか否か」のデータについて，統計ソフトSPSSを用いて相関係数を算出してみたところ，その結果は，「r（相関係数）＝＋0.326」となった（表12-2）。

この数値を，以下の基準に照らし合わせてみるならば，「やや正（＋）の比例関係がある」と判断できる。つまり相関係数からは，ディズニーリゾートが好きと回答する人ほど，SNSをよく使うと回答する傾向にあると分かる。

表12-2　「ディズニーリゾートが好きか否か」「SNSを使うか否か」の相関係数

		ディズニーリゾート	SNS
ディズニーリゾート	Pearsonの相関係数	1	.326**
	有意確率（両側）		.000
	N	111	111
SNS	Pearsonの相関係数	.326**	1
	有意確率（両側）	.000	
	N	111	114

**. 相関係数は1％水準で有意（両側）です。

出所：筆者作成。

0	～	＋0.2	：	ほとんど正（＋）の比例関係がない
＋0.2	～	＋0.4	：	やや正（＋）の比例関係がある
＋0.4	～	＋0.7	：	かなり正（＋）の比例関係がある
＋0.7	～	＋1.0	：	強い正（＋）の比例関係がある

なぜ，そうなるのか。それは，…

先ほどの「クロス集計表とカイ二乗検定」のところでも述べたように，最終的には，自分の解釈をしっかりと示すことが何よりも大事である。統計手法は，あくまで，そのための手段なのである。それは有効かつ重要なものではあるが，あくまで分析のための「手段」であり，最も大事なのはそれぞれ自分の解釈であることを決して忘れることのないようにしてもらいたい。

ブックレビュー

量的リサーチ全般に関して定評のある英語圏の教科書として，アール・バビー『社会調査法』（培風館，2003年）がある。それ以外に，大谷信介他編著『最新・社会調査へのアプローチ——論理と方法』（ミネルヴァ書房，2023年）や，鈴木淳子『質問紙デザインの技法［第2版］』（ナカニシヤ出版，2016年）等も参考になるだろう。また調査票の作成については，山田一成『聞き方の技術——リサーチのための調査票作成ガイド』（日本経済新聞出版社，2010年）もみてもらいたい。

統計的な分析については，毛塚和宏『社会科学のための統計学入門——実例からていねいに学ぶ』（講談社，2022年）が分かりやすい。少々古いが，土田昭司『社会調査のためのデータ分析入門——実証科学への招待』（有斐閣，1994年）や，浅野紀夫『これなら使える統計・分析手法とデータの読み方』（日刊工業新聞社，1992年）もお薦めしたい。またハンス・ザイゼル『数字で語る——社会統計学入門』（新曜社，2005年），須藤康介・古市憲寿・本田由紀『朝日おとなの学びなおし　文系でもわかる統計分析：社会学』（朝日新聞出版，2012年），小杉考司『言葉と数式で理解する多変量解析入門』（北大路書房，2018年）等も良いだろう。

（遠藤英樹）

第13章
GIS
——地理情報システムを用いたリサーチメソッド——

観光現象を捉えるためには，GIS（地理情報システム）を活用した分析も有効である。近年，多くの自治体や民間企業によって観光行動を把握する様々な調査が実施されるようになってきた。観光入込客数の把握にも統一的な基準が設けられるなどの整備も進んでいる。GIS を用いた観光研究においても利用可能な統計調査の結果は広く共有され始めており，誰でも簡単に入手することができる。データは簡単に手に入るようになってきたが，データをどのように分析するのかが重要だ。特に位置情報と属性情報を有するデータ（地理空間情報）を GIS で分析してみると，今まで気づかなかった空間的な現象としての観光の特徴を可視化することができる。本章では，GIS の基本的な考え方を解説するとともに，代表的な GIS のソフトウェアである「ArcMap」を用いて，京都市における訪日外国人の主要訪問地を地図化し，分析する方法を簡単にデモンストレーションしてみたい。「補章　分析ソフトを使いこなす」に加えた「ArcGIS マニュアル」とあわせて読み進めてほしい。

1　GIS とは何か

⑴位置情報が大事

日常生活において，今日はちょっと外食をしようと思ったとき，あるはゴールデンウィークの旅行の計画を立てるとき，私たちは「どこに行こうか」と考える。現在地から一番近い食堂について検索するかもしれない。観光情報サイトやインスタグラムなどを開いて観光地や宿泊施設に関する情報を収集するかもしれない。

あらゆる情報がインターネット上に氾濫している。それらを精査して取捨選択するとき，私たちはほぼ無意識に店舗や施設の位置（場所）と，名称や提供されるサービスの内容・形態・価格・営業時間・質（評価）に関する情報とを紐づけて意思決定をしている。特にGISでは，このような位置（場所）に関する情報と付随する情報（属性情報）が対となったもの「地理空間情報」と呼ぶ。

地理空間情報は今や私たちの身近に溢れており，実のところ日常的にそれらを利用しているのである。たとえば車でドライブをする時に使う「カーナビゲーション」やスマートフォンやパソコンで利用することのできる地図アプリケーション「Googleマップ」は，大量の「地理空間情報」の集合体が基盤となり動いている。

(2) GISデータの構造

GISとはGeographic Information System：地理情報システムの略語である。一般的に地理空間情報をデジタル地図に関連づけて管理・加工・分析・視覚化することのできるコンピュータベースの情報技術と定義される。

GISでは，多種多様の地理空間情報――道路・建物・農地などの物理的なもの，行政界やバスルートなどの仮想的なもの，犯罪や災害などの現象――を点・線・面（多角形）に抽象化し，対応する属性情報とともにデジタルデータ化して処理することができる。点・線・面で表されるデータはベクタデータという（図13-1）。

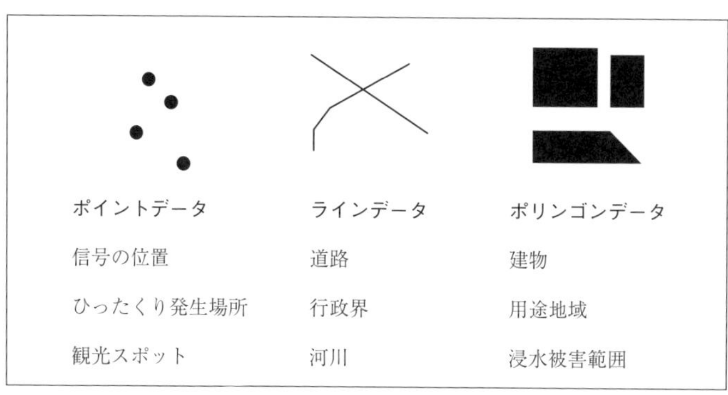

図13-1　ベクタデータの例

出所：筆者作成。

一方で，標高や気温などの連続的に変化する値なども地理空間情報であり，これらはラスタデータと呼ばれる。ラスタデータは，格子状のセルの集合体として構成され，セルの一つひとつに数値が格納されている（図13-2）。

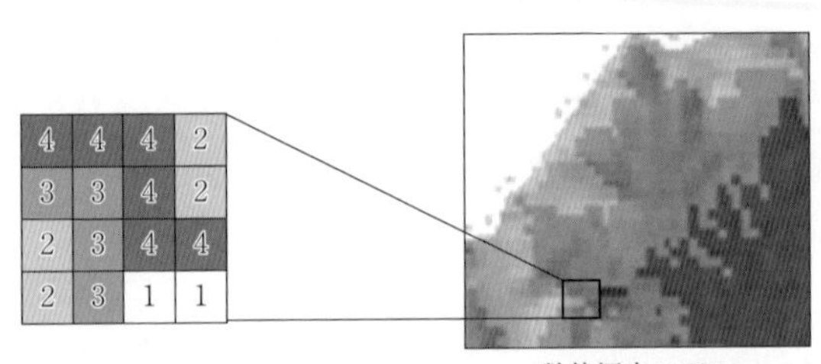

図13-2　ラスタデータの例
出所：筆者作成。

以上紹介したように，最も代表的なGISデータとして，ベクタデータとラスタデータがあり，これらは組み合わされて使われる。このようなGISデータ化された地理空間情報は，「駅」「建物」「行政界」「標高」といった主題別に「レイヤー」と呼ばれる層構造で管理されることになる（図13-3）。

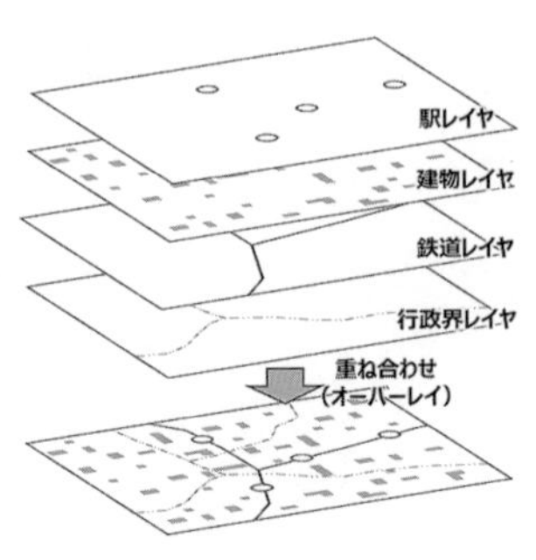

図13-3　レイヤー構造
出所：筆者作成。

2　分析ツールとしてのGISの特徴

(1)位置情報と属性情報が一体

先に述べたように，GISは地理空間情報をデジタル地図に関連づけて管理・加工・分析・視覚化することのできるコンピュータベースの情報技術であるが，どのような特徴をもっているのだろうか。

主題図を作成する時にはGISではなくて，Adobe社のIllustratorやMicrosoftのPowerPointなどのソフトウェアを使用してもよい。むしろGISを使う方が例外かもしれない。GISの有するひとつの重要な特徴は，「位置情報と属性情報」を紐づいた状態でデータとして扱うことができ，それを管理し，分析できる点にある。これはIllustratorやPowerPointでは簡単には実現できない。以下で事例を挙げよう。たとえば，ひったくりの発生地点とそれに関する情報があったとすると，GISでは図13－4のように位置情報と属性情報が対になった地理空間情報のデータとなる。この場合ポイントデータは，固有の識別IDをもっており，それぞれに対応した属性情報と紐づいている。

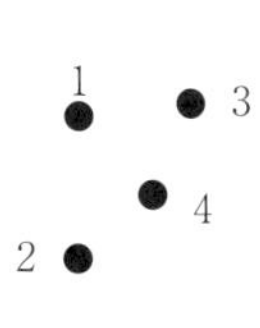

ID	場所	発生日	時間	被害者性別	年齢
1	○市1丁目2番	20220703	3時	女性	20代
2	○市3丁目5番	20221026	18時	女性	70代
3	○市3丁目10番	20220511	17時	男性	80代
4	○市5丁目7番	20210302	9時	女性	30代

図13－4　ひったくり発生位置のポイントデータと属性情報の例
出所：筆者作成。

GISでは，住所情報をもとにして緯度・経度座標を付与する「アドレスマッチング」（ジオコーディング）という技術により，住所リストをGISデータ化することができる。さらに，属性情報ごとに集計することで，発生場所，時間帯の特徴，あるいは被害者との関係を分析することもできる。IllustratorやPowerPointでは，一つひとつポイントデータを作成せねばならず，表示したい属性ごとに描き直すのにはたいへんな労力がかかるだろう。データの数が増えれば増えるほど，GIS は有用である。

⑵地図化して思考する

GIS を用いることの強みは，様々な地理空間情報を取得し，保存・管理・表示するだけでなく，それらを重ね合わせることで，空間的な視座から分析を加えることを可能とする点にある。このような「重ね合わせ分析」が GIS の基本である。GIS は様々な空間解析を実現することができる。分析の結果を地図化（可視化）し，主題図の作成を通じて，複雑な現象の理解を促すだけでなく，意思決定における円滑なコミュニケーションの媒介になることが期待される。

それゆえ，GIS は学術研究のみならず行政機関，民間企業など多様な業種で活用されている。たとえば，GIS の活用事例の代表例は，都市計画，店舗の出店計画，道路維持管理，自然災害対策，感染症対策，地理教育などである（ESRI ジャパン https://www.esrij.com/getting started/what is gis/2023年12月11日閲覧）。

代表的なソフトウェアとして，ESRI 社の ArcGIS，Intergraph 社の GeoMedia やフリーソフトの QGIS が用いられている。近年 WebGIS 技術の発展により Web 上で分析や視覚化が可能になった。研究機関・自治体・民間企業が取り組みを公開していることも多い。

3　GIS を活用した近年の観光研究の紹介

近年の GPS 機器の精度向上，ビックデータの整備・公開，多様な Web 情報サービスの提供を背景として，新しいタイプの地理空間情報と GIS を用いて観光現象の実態を動態的かつ詳細に把握する試みが見られる。観光科学分野においては，おもに観光行動を明らかにしようとする研究で GIS の活用が顕著になった。事例研究を以下でみていこう。

観光行動には観光客がいつ，どこを訪れ，どの程度滞在し，何に関心を持つのかといった様々な内容が想定される。こうした観光行動の解明と理解は，観光空間の設計や情報発信を適切に行ううえで重要な課題となる。これまで，観光行動を把握するために位置情報・標高・移動速度・時刻を連続データとして記録できる携帯型GSPロガーがよく利用されてきた。そして動物園・公園・スキー場，比較的広い観光地における観光客の周遊パターン，滞在場所などの時空間軌跡が把握・分析・視覚化された。たとえば，写真撮影箇所の位置情報を利用すると，関心の対象となる風景や場所を抽出することもできる。

この他にも，観光客がインターネット上に蓄積する位置情報付きの「つぶやき（tweet）」，写真共有サイトの写真や，企業の蓄積するIC乗車券利用履歴といったビックデータも利用されており，様々な地理空間情報の取得と解析方法が盛んに議論されている。インバウンド観光への関心の高まりから，訪日外国人観光客を対象とする行動分析も増加してきた。

以下では，ESRI社のArcGIS 10.8を用いて，京都市の実施している観光統計を使って主題図を作成してみよう。

4　地理空間情報のアドレスマッチングと観光統計調査を用いた分析

(1)『京都観光総合調査』と訪日外国人の主要訪問先

ここでは，京都市における訪日外国人の主要訪問地を地図化し，分析する方法を紹介する。分析対象のデータは京都市産業観光局『京都観光総合調査』である。この調査名では2011年から2019年まで実施されており，日本人および外国人の観光客満足度調査および実態調査などが含まれている。今回はなかでも訪日外国人観光客の訪れた京都市内の主要観光スポットの訪問率に着目してみたい。経年変化を明らかにするために２年次分を用いるが，統計記録の方法が全国基準となり，なおかつ調査方法の概要が示されている2013年と新型コロナ感染症の影響がなかった2019年についてGISで地図化してみよう。なお，『京都観光総合調査』の結果は，情報公開サイト「京都市情報館」でPDFファイルが公開されている。

(2)統計調査データを EXCEL にまとめる

『京都観光総合調査』のうち「外国人観光客実態調査」は，年４回（冬期〔２月〕・春期〔５月〕・夏期〔８月〕・秋期〔11月〕）に市内の主な観光施設において曜日や時間を合わせたうえで無作為に調査対象者を抽出し，対面で行われている。サンプル数は2013年と2019年でそれぞれ1,680と1,732である。

訪日外国人観光客が訪れた京都市内の主要観光スポットの訪問率は，「訪問地トップ25（複数回答）」として一覧されている。表13-１は，2013年の調査結果の一覧を示したもので，「北米」「欧州」「中国」「東南アジア」のように外国人観光客の出国地域別の訪問率が示されている。

2013年と2019年の訪問地には，共通している場所とそうでない場所がある（表13-２）。両方を合計すると34ヵ所ある。

なお，今回は「共通しない」場所のうち，空間的範囲がやや曖昧な「伏見（伏見稲荷大社以外）」と「東山」については除外することとし，合計32ヵ所を主な対象とすることとしたい。訪問地とその住所，さらに出国地域ごとの訪問率を Microsoft の表計算ソフト「Excel」に入力していく（表13-３）。

まず，Excel のＡ１のセルに「訪問先」と見出しを付け，Ａ２以下には，32ヵ所の場所をすべて入力しよう。

(3)訪問先の「住所」を入力する

次にＢ１には，「住所」と見出しを付けて，Ｂ２以下のセルには，インターネットで訪問先のホームページなどを検索して住所を入力していこう。数字や「ハイフン」はすべて「半角」を使うのがよいだろう。寺社は社務所などの代表住所でよい（補章第２節（１）参照）。この住所一覧は，「アドレスマッチング」で使用する。

(4)出国地域別の訪問率を入力する

つづいて，Ｃ１には2013年における「全体」の訪問率を表す見出しとして「全体13」とした。これが2019年ならば，「全体19」となる。Ｃ２以下のセルには，2013年の訪問先ごとの訪問率を入力する。あとは，同様に出国地域ごと2013年

表13-1　2013年における訪日外国人観光客の訪問先上位25

順位	訪問地	全体	北米	オセアニア	欧州	中国	台湾	韓国	東南アジア	その他
1	清水寺	61.0	47.8	39.8	49.5	62.2	88.7	68.7	65.5	65.5
2	金閣寺	54.5	44.7	52.8	53.5	66.2	62.9	35.1	50.7	54.5
3	二条城	43.2	49.1	48.0	53.2	31.6	37.1	29.1	43.0	47.3
4	京都御所	32.3	51.6	50.4	51.2	10.9	12.5	17.9	33.8	26.7
5	銀閣寺	30.4	26.7	26.8	40.0	14.2	34.7	29.1	36.6	27.9
6	嵐山・嵯峨野	27.9	26.7	26.8	26.4	19.6	44.8	10.4	40.1	26.1
7	錦市場	27.1	27.3	26.8	31.5	13.1	39.5	14.9	35.2	23.6
8	伏見稲荷大社	26.4	27.3	22.8	28.0	17.1	43.1	7.5	31.7	25.5
9	八坂神社	17.7	10.6	8.1	13.9	18.2	39.5	9.0	10.6	21.8
9	ギオンコーナー	17.7	16.1	22.0	21.3	14.9	14.9	13.4	28.2	10.3
11	龍安寺	15.1	23.6	14.6	24.3	8.7	7.3	9.0	12.0	13.3
12	南禅寺	14.3	17.4	12.2	21.5	4.0	15.7	6.0	15.5	14.5
13	平安神宮	14.1	9.9	8.9	10.6	20.0	23.4	14.9	9.2	10.9
13	髙島屋	14.1	13.0	17.1	11.3	10.5	16.5	6.0	26.1	18.8
15	伊勢丹	14.0	8.7	11.4	9.3	13.8	25.8	2.2	24.6	16.4
16	新京極・寺町	12.6	7.5	9.8	11.6	9.5	26.6	4.5	18.3	8.5
17	三十三間堂	11.8	11.8	7.3	18.5	10.9	12.5	3.0	7.0	9.1
18	高台寺	11.1	9.9	7.3	16.9	3.3	15.7	3.7	12.0	11.5
19	西陣織会館	10.9	8.1	4.9	4.2	25.5	20.2	9.7	2.8	5.5
20	大丸	10.0	6.8	8.9	8.3	5.5	16.9	3.7	14.1	17.0
21	ハンディクラフトセンター	9.5	11.2	7.3	7.4	14.5	10.1	2.2	14.1	7.3
22	東寺	8.8	7.5	8.9	13.9	2.2	12.1	2.2	9.2	7.3
23	京都国立博物館	7.0	4.3	4.9	6.7	7.3	8.9	7.5	5.6	9.7
24	京都国際マンガミュージアム	6.4	7.5	5.7	11.1	4.4	3.2	1.5	8.5	3.6
24	大徳寺	6.4	6.2	5.7	14.8	2.5	2.0	0.0	4.2	4.8

出所：『京都観光総合調査』京都市産業観光局，2013年，44頁より作成。

表13-2　2013年・2019年調査における訪問地の差異

共通	共通しない
清水寺	高島屋
金閣寺	伊勢丹
二条城	新京極・寺町
京都御所	三十三間堂
銀閣寺	西陣織会館
嵐山・嵯峨野	大丸
錦市場	ハンディクラフトセンター
伏見稲荷大社	京都国立博物館
八坂神社	京都国際マンガミュージアム
ギオンコーナー	大徳寺
龍安寺	祇園
南禅寺	京都タワー
平安神宮	京都駅周辺
高台寺	伏見（伏見稲荷大社以外）
東寺	東福寺
	嵐山モンキーパーク
	東山
	河原町・四条周辺
	下鴨神社

出所：筆者作成。

表13-3　Excelへの入力事例

	A	B	C	D	L	M
1	訪問先	住所	全体13	北米13	全体19	北米19
2	清水寺	京都市東山区清水1丁目294	61.0	47.8	66.6	55.0
3	金閣寺	京都府京都市北区金閣寺町1	54.5	44.7	46.8	43.8
4	二条城	京都府京都市中京区二条城町541	43.2	49.1	57.3	60.4
5	京都タワー	京都府京都市下京区東塩小路町721-1			18.4	18.3
6	嵐山モンキーパーク	京都市西京区嵐山中尾下町61			9.1	20.1
7	ハンディクラフトセンター	京都市左京区聖護院円頓美町17	9.5	11.2		
8	西陣織会館	京都府京都市上京区竪門前町414番地	10.9	8.1		

出所：筆者作成。

と2019年の数字を入れていこう。なお，各年において訪問先がない場合（「全体13」の「京都タワー」など）は，空欄にしておいてよい。

なお，2019年の調査には出国地域として「香港」が増え，「その他」がなくなった。2013年の調査結果では「香港」は「その他」に含まれていた。

(5)アドレスマッチング処理と GIS データの作成，訪問地別の地図作成

先に入力した住所情報をもとに東京大学 CSIS の提供しているサービスを利用して，住所情報を緯度・経度に変換する（補章２-２参照）。その準備として，Excel ファイルを保存し直す。Excel の画面左上「ファイル」→「名前を付けて保存」からファイルの種類を「CSV（コンマ区切り）(*.csv)」形式で保存する。

補章の手順に従って，各訪問地に緯度・経度を付与すると，GIS 上にポイントデータとして表示することができる。本章第２節(２)で記したように，各々の訪問先ポイントはたんに点としてのみ表示されているだけでなく，属性データとして2013年と2019年の出国地域別の訪問率をもった地理空間情報ということだ。

5　GIS による観光現象の可視化――主題図の考察

ここでは，主要な観光スポットの訪問率を割合に応じた「円」の大きさで表してみる。補章２-３の手順を踏み，地図のレイアウト（本稿で手順は省略）をすると，図13-５のような主題図を作成することが可能だ。

この図では，出国地域の中でも，サンプル数の多いヨーロッパ諸国（欧州）に着目してみた。図をみると，各年ともヨーロッパ諸国からの観光客の多くは，金閣寺・二条城・清水寺を訪れていることが分かる。これらは世界遺産に指定されている場所である。これらの「はずせない」訪問先は変化がないが，それ以外ではいくつかの変化を読み取ることができる。

たとえば，2019年では「大徳寺」「西陣織会館」「京都国際マンガミュージアム」「ハンディクラフトセンター」「京都国立博物館」「大丸」「高島屋」などは上位25の訪問先から姿を消した。一方，上位の訪問先として加わった場所は

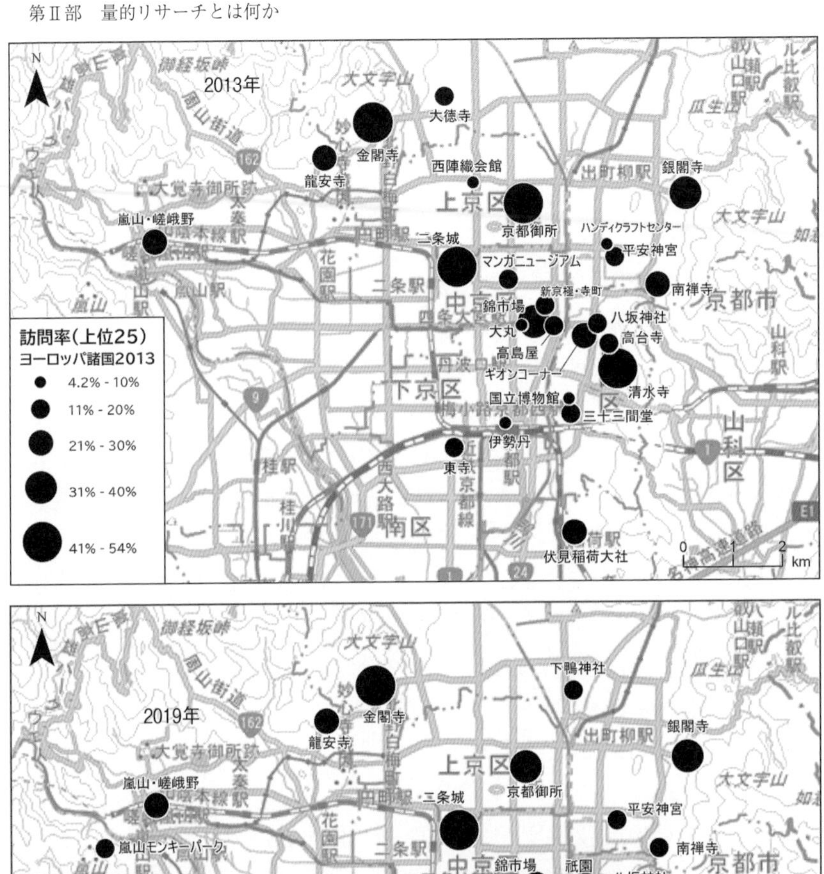

図13-5　京都市における外国人観光客の訪問先（2013年・2019年）

注：2019年で表示していない場所の訪問率は，「伏見（伏見稲荷大社以外）」9.2%，「東山」11.8%である。

出所：『京都観光総合調査』，2013年，京都市産業観光局，44頁および，『京都観光総合調査』，2019年，京都市産業観光局，67頁より作成。

「嵐山モンキーパーク」「京都タワー」「東福寺」「下鴨神社」である。

さらに，2019年には「祇園」周辺への訪問率が特に増加している。弥栄会館の「ギオンコーナー」の訪問率は2013年には21.3％だったが，44.6％と２倍以上になっており，「伏見稲荷大社」では，28.0％が51.1％へと上昇し，人気の観光スポットへとなっていることが読み取れる。

2019年の調査結果において，ヨーロッパ諸国からの観光客は，事前情報源と到着後情報源ともに「旅行ガイドブック」を参考にする割合が高いことから，ガイドブックの記載変化に影響されているかもしれない。あるいはSNSの情報を頼りに「クール」と話題になっている観光スポットを訪問しているのかもしれない。どのような要因で主要な訪問先が変化していくのかについて分析を深めるのも興味深いだろう。さらに，出国地域別の訪問先を比較検討するものきっと面白い。

なお，本統計調査は年４回調査されているものの，季節ごとの指標が利用できないなどの制約や出国地域別のサンプリング数などの偏りなどがある。統計的な妥当性の問題についても留意して使っていく必要があるだろう。

以上，GISの基本的な考え方を概観するとともに，GISを活用した観光研究についても触れた。GISは新しい地理空間情報や量的なデータを分析し，可視化するうえで有用なツールである。近年の情報通信技術の発展のなかで，つぶやき，写真の位置情報などのビッグデータを活用することを通じて，GISは従来把握することが困難であった詳細な移動・滞留のパターン，観光地の見どころなどを理解することに貢献していくだろう。

GISを用いた分析は，少々応用的な分野で技術的なスキルの有無がつきまとうものの，京都市における訪日外国人の主要訪問先の事例で示したように，観光客の観光行動や関心を空間化し，さらに可視化することができる。こうした観光現象を地図化することによって，たとえば，観光回遊ルートを策定することや，観光行動に対応した精緻な情報提供など観光振興に関わる実務の意思決定に大きな影響を与えることは間違いない。

「地図化」することは空間的に思考することを促す。比較的マクロな視点で観光地の空間構造を理解することや，観光現象にアプローチする様々な研究成果と節合することで，新しい知見が得られるだろう。観光現象を捉える新たな地理空間情報の共有とGISの活用は今後さらに進んでいくことが見込まれる。ぜひGISを使いこなして，複雑な観光現象を読み解く一助としてほしい。

ブックレビュー

矢野桂司(2021)『GIS　地理情報システム(やさしく知りたい先端科学シリーズ8)』創元社。

＊GISの考え方と近年の展開が明快に解説されている。

ESRIジャパン株式会社編（2015)『ArcGIS for Desktop 逆引きガイド 10.3.x 対応』ESRIジャパン。

＊初学者には必須。GISを使ううえでの基礎的な用語や概念についても説明されている。難解な投影法の説明も分かりやすい。残念ながら絶版となっているので，図書館などで利用しよう。

佐土原聡編（2012)『図解！ ArcGIS10〈Part 1〉身近な事例で学ぼう』古今書院。

＊初めてGISソフトを学ぶならこの一冊。

橋本雄一編（2019)『五訂版 GISと地理空間情報── ArcGIS 10.7とArcGIS Pro 2.3の活用』古今書院。

＊GISの基本がある程度分かったら，本書で実践的なトレーニングを積もう。ESRI社のGISソフトウェアは，今後ArcGISProへ移行されていく。本書は2022年に改訂され，現在は六訂版となっている。この六訂版では，ArcGISProがメインに解説されるようになった。

（前田一馬）

第Ⅲ部

観光メディア・リサーチとは何か

第14章
観光メディアを分析するための理論的な視点

観光研究においては，観光に関わるメディアを分析することも重要なテーマとなる。観光に関わるメディアには，ガイドブック，SNS，広告，アニメ，音楽など様々ある。そこで本章では，観光とメディアの関係性を探るうえで重要な理論的な視点にはどのようなものがあるのか，いくつかをピックアップし，具体的な分析例を通してみていくことにしよう。

1　メディアの「表現」論

これは，メディアの内容や中身（コンテンツ）が，社会的に，いかなるものを表現しようとしているのかを明らかにする研究である。たとえばメディアの一領域であるファッションを記号論的な視点から分析するのも，この研究に含まれる。なお記号論は，スイスの言語学者であるフェルディナンド・ド・ソシュールによって提唱されたものである。

メディアのコンテンツを記号論から捉える場合，「デノテーション（顕示）」と「コノテーション（共示）」という言葉が非常に有効である。たとえばファッションでさえ，これをメディアと捉えた時には「デノテーション（顕示）」と「コノテーション（共示）」がある。たとえば軍服を考えてみよう。

「デノテーション（顕示）」としては，軍服というファッションは「軍隊で着用する制服」を意味するが，軍服はそれにとどまるものではない。表の意味である「デノテーション（顕示）」と共に，「右翼」という裏の意味（「コノテーション〔共示〕」）もある。街中で軍服を着るということは，そうした社会的な意味を身にまとうことでもあるはずだ。

「デノテーション（顕示）」「コノテーション（共示）」でみてとれるのは，もちろん軍服だけではない。振袖は，「未婚女性が儀礼的な場面等で着用する正装の和服」を「デノテーション（顕示）」としてもつが，それ以外に「女性の華やかさ」を裏の意味＝「コノテーション（共示）」としてもっている。

このように，私たちはファッションの記号性をうまく使いこなしながら，つねに何かを社会に表現しながら暮らしている。だが，よく考えてみると，ファッションの記号性とは，社会的に作り上げられたものである。別の国や文化圏に行けば，軍服＝「右翼」，振袖＝「女性の華やかさ」という「コノテーション（共示）」はおろか，「デノテーション（顕示）」でさえ通用しない場合もある。そうしたことを忘れ，ファッションの有する記号性を当たり前で自然に思わせてしまうこと，それが「神話作用」というはたらきである。文化は，こうした「神話作用」とともにある。哲学者・思想家であるロラン・バルトもそのことを強調し，文化のイデオロギー性を明るみに出そうとしている。

2　メディアにおける「表現と社会との関係」論

これは，メディアにおける表現と社会との結びつきを明らかにしようとする研究である。カルチュラル・スタディーズという研究の流れなどは，その代表的なものであろう。カルチュラル・スタディーズは，最初，主にイギリスのバーミンガム大学の現代文化研究センター（BCCCS）の研究者たちによって牽引されてきた。特にスチュアート・ホールが所長に就任して以降，現代文化研究センターはポール・ギルロイをはじめとする多くの研究者を輩出し，文化研究のあり方を新たなレベルへ押し上げ，多くの業績を残していく。

もちろん上述のメディアの表現論も，コンテンツに内在している文化のイデオロギー性を明るみに出そうとしており，社会的イデオロギーとメディアの関係性を明らかにしようとする。だがカルチュラル・スタディーズの場合，その成果をふまえつつも，さらに一歩先へ進める。そこでは，メディアの背後に，民族・人種・セクシュアリティ等をめぐって様々な社会的不平等，差別，排除が存在していることが強調される。

たとえばポピュラーミュージックは，民族や人種と深い関わりを持っている。ジャマイカで発展してきたレゲエという音楽ジャンルは，南の島の陽気な音楽というイメージがつきまとっているが，アフリカ系の人々がもつ民族や人種の問題を抜きに考えられない音楽である。レゲエ・ミュージシャンにはラスタファリアニズム（Rastafarianism）という宗教思想運動を展開している者がいるが，これはジャマイカに奴隷として連れて来られた人々の子孫が祖先の地であるアフリカにいつか必ず帰ることを呼びかける宗教思想運動である（この宗教思想には身体に刃物を当ててはならないという教義があり，髪の毛も切ってはならないとされている。長くなった髪の毛は編み込まれたりする。レゲエのドレッドヘアーはそこに由来する）。レゲエの神様と言われるボブ・マーリィも，ラスタファリアニズムのリーダーの一人だった。レゲエは，西洋的な音階を取り入れつつも，民族や人種との関連性の中で，1970年代から80年代にかけて次第に形を整えるようになった音楽ジャンルの一つなのである。カルチュラル・スタディーズは，メディアのこうした側面に注目し，文化が多様な立場の人々による折衝＝交渉のもとで社会と結びつきながら形成されていくプロセスを明らかにしようとする。

3　メディアの「アーキテクチャー」論

これは，メディアが成立している技術的な土台（アーキテクチャー）の特徴を明らかにする研究である。これについては，日本のポピュラーソングの歌詞から考えると分かりやすいかもしれない。

コブクロという日本の音楽デュオに，『コイン』という遠距離恋愛を歌った曲がある。その曲の始まりの歌詞が「自販機でコーヒーを買ったおつりは／君と僕をつなぐ魔法のコイン／狭い電話ボックスの中ヒュルリラ／冬の隙間風が啼いてる／一番高価な500円玉も／この時ばかりは役立たず／10円玉の方がずっと偉いんだ／10秒間ずつ君に会える」というものである。他方，RADWIMPSというバンドが歌う『携帯電話』という曲には，「今日も携帯電話を／ポッケに入れて歩くけど／待てど暮らせど／あの人からの連絡はなくて／まるで寂しさをポッケに／入れて歩いているような／そんなこんな僕です」

という歌詞がある。

同じ恋愛模様を歌った曲でも，通貨の少額コインを横に積んで会話する公衆電話の風景と，携帯電話をポケットに入れて連絡を待っている風景では，恋の情景も違って見える。いったい，この違いは，どこからもたらされたものなのだろうか。それは，公衆電話と携帯電話というメディアの差異であろう。公衆電話の時と携帯電話の時，恋人たちがどちらのメディアを用いるかによって，恋の情景も異なって見えるのだ。公衆電話も携帯電話も，たんなる機械なのではなく，恋愛模様さえも変えてしまう力をもったメディアなのである。

そのことをマーシャル・マクルーハンは，その著書『人間拡張の原理――メディアの理解』において「メディアはメッセージである」という言葉で言い表そうとしている。メディアについて考えようとする場合，ふつうであれば，そのメディアを用いて表現しようとしているコンテンツ（表現内容）のことを思い浮かべる。技術的な土台であるアーキテクチャーそのものには，あまり目を向けようとはしない。携帯電話のことを考える場合にも，通話のコンテンツ（表現内容）は意識するが，そのコンテンツを発信する土台そのもの，アーキテクチャーそのものは意識しない。しかしながら，携帯電話のアーキテクチャーもまた，恋の情景，風景，雰囲気を形成するコンテンツ＝メッセージとなっているのである。メディアの「アーキテクチャー」論は，メディアの技術的土台の特質に目を向け，メディアを分析する。

4　メディアにおける「ソフト・パワー」論

現代社会では上記のような研究だけではなく，メディアにおけるソフト・パワーに注目した研究が次第に重要性を増しつつある。

「ソフト・パワー」とは，アメリカの政治学者ジョセフ・ナイが提唱した概念である。彼は力（パワー）を「自分が望む結果になるように他人の行動を変える能力」と定義し，ある国が自分たちが望む結果になるよう他国に対して影響を及ぼしうる力（パワー）を「ハード・パワー」と「ソフト・パワー」に分けている。

「ハード・パワー」とは，簡単にいえば軍事力や経済力のことである。ある国は，強大な軍事力で威嚇することによって他国を従わせることもできるし，豊かな財力で経済支援を行い，他国を従わせることもできる。こうした「飴とむち」の原理，「強制と報酬」の原理に基づくような力（パワー）を，ナイは「ハード・パワー」と呼ぶ。

これに対し「ソフト・パワー」とは，「強制と報酬」の原理に基づくものではなく，“おのずと”他国が影響を及ぼされてしまうような力（パワー）のことである。ハード・パワーがその国の「軍事力」「経済力」をいうのに対し，ソフト・パワーはその国の「魅力」のことを意味しているといえよう。ナイは，ソフト・パワーの源泉を政治的な価値観，外交政策，文化の３つを挙げている。

ここでいう文化とは，「高級／大衆」という区分に関わりなく，映画，クラシック音楽，ポピュラーミュージック，絵画，彫刻など，多種多様な領域を含みこんだものである。しかも，それだけにとどまらず，教育や研究などの学術的知識，CM などのメディア情報，マクドナルドやコーラなどの商品も文化と考えることができる。こうした文化を通して，国の価値観が広く他国に行きわたるようになれば，その国のソフト・パワーは強まる。

たとえば『ドラえもん』をはじめ，『ポケモン』『美少女戦士セーラームーン』『NARUTO』『るろうに剣心』などといった日本のアニメ作品は，これらを企画・制作・流通させる産業のもとで，欧米諸国，中東諸国，アジア諸国などで広く知られるようになっている。こうした人気を背景に，アメリカではアニメ・エキスポが1992年から毎年開催されたり，フランスではBD エキスポが開催されたりしている。その結果，アニメという日本のメディアを通して，日本に興味をもち，日本に魅力を感じるようになる人々が少なからず生まれている。そのため外務省も，アニメによって生み出される「ソフト・パワー」に着目し，様々なパブリック・ディプロマシー戦略を展開し始めているのである。

5　「女子旅」の記号論

これら以外にも，観光メディアを分析する理論的な視点は様々に存在してい

図14-1　女子旅に関する観光情報誌

出所：数冊の観光情報誌を筆者撮影（2017年３月15日）。

る。では，こうした理論的な視点を用いて，観光現象がどのように分析できるのか，その分析例をみていくことにしたい。以下では，「女子旅」という観光商品に関して，記号論的な視点で読み解いてみよう。

近年，「女子旅」という言葉を冠した観光商品が様々に開発され，観光情報誌やテレビ番組などを通して広告・宣伝されている（図14-1）。そもそも，「女子」という言葉がメディアで広がり始めたのは，2000年代に入ってからのことである。米澤泉『「女子」の誕生』（勁草書房，2014年）という本には，このような記述がある。「メディアで，とりわけファッション雑誌において『女子』という言葉を最初に使用したのは，人気マンガ家の安野モヨコだと言われている。安野は，1998年に創刊された初の化粧情報誌『VoCE』（講談社）において，創刊時から『美人画報』というイラストがメインのエッセイを連載していた。その『美人画報』誌上で，安野が『女子』や『女子力』という言葉を頻繁に登場させたことがそもそも『女子』ブームの始まりである」（米澤 2014：3）。これ以降，「女子会」「女子力」といった言葉がメディアに頻繁に登場するようになり，観光産業もこうした言葉を積極的に冠することで「女子旅」という観光商品を開発していったのである。

では，そこで用いられている「女子」という言葉には，いかなる意味が付与されているのであろうか。これについて，ロラン・バルトの記号論的な視点――メディアの「表現」論をふまえた視点――を用いて考えてみることにしよう。バルトは『現代社会の神話』において，映画，プロレス，コマーシャル，雑誌記事をはじめとする，多種多様な現代の文化現象に隠された意味を解読するにあたり，記号論を援用する。

記号論では，記号を２つの要素に分けて考える。ひとつは「意味するもの（フランス語で“シニフィアン”）」，もうひとつは「意味されるもの（フランス語で“シニフェ”）」である。「意味するもの（シニフィアン）」「意味されるもの（シニフェ）」とは一体，何か。

たとえば，今ここに「ねこ」という文字（記号）が書かれているとする。この「ねこ」という文字は「ね」・「こ」という文字を繋げたもので，しかも「ね」という文字，「こ」という文字は，白い紙のうえにインクで直線・曲線をにじませて書かれたものである。したがって，突き詰めれば「ねこ」という文字は，白い紙のうえに書かれたインクの形（直線と曲線の集合体）ということになる。「意味するもの（シニフィアン）」とは，こうした文字の形そのものを言う。文字の形，文字の形象，インクをしみつかせた文字の物質性，これが「意味するもの（シニフィアン）」である。

では「ねこ」という文字そのものを見て，私たちは頭の中に何をイメージするだろう。決して「直線と曲線のインクの染みがある」とは思わないだろう。「ねこ」という文字をみて私たちが頭の中にイメージするのは，「にゃーにゃー」と鳴く動物の姿ではないだろうか。このように「意味するもの（シニフィアン）」を見た時に頭の中に思い浮かべるものを，「意味されるもの（シニフェ）」という。

「意味するもの（シニフィアン）」が文字の形，文字の物質性であり，それに対して「意味されるもの（シニフェ）」は，それをみて頭の中で思い浮かべるイメージ（概念）のことである。記号とは，この２つが組み合わさったものだと記号論は主張する。

バルトは，「意味するもの（シニフィアン）」と「意味されるもの（シニフェ）」という，記号論における２つの概念を駆使しつつ，『パリ・マッチ』という雑誌の表紙を具体的に分析してみせるのである（図14－２）。この雑誌の表紙で

図14-2　雑誌『パリ・マッチ』の表紙

出所：http://www.wind.sannet.ne.jp/masa-t/sijigi/sijigi.html（20170320アクセス）

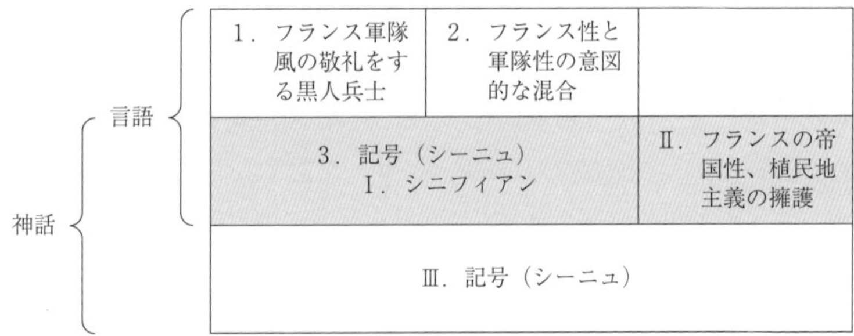

図14-3　雑誌『パリ・マッチ』の表紙をめぐる記号論的分析

出所：R.バルトの議論をもとに筆者作成。

は，「フランス軍隊風の敬礼をする黒人兵士」の写真が用いられているが，これが「意味するもの（シニフィアン）」となって，「フランスという国とその軍隊の結びつき」が意味されている（シニフェ）。ここからバルトは記号論をさらに応用し，「フランス軍隊風の敬礼をする黒人兵士」の写真（シニフィアン）と「フランスという国とその軍隊の結びつき」（シニフェ）が一体となることで，「フランスという国が植民地を有する帝国であること」が新たに意味されていることを指摘する（さらに新しいレベルのシニフェ）。そのことで，「植民地を有するフランス帝国」がいつの間にか自明視され（神話化され），擁護されているのだという（図14-3）。

こうしたバルトの分析を「女子旅」に応用してみると，どうなるだろうか。

「女子旅」とは「女子」が行う旅を言うが，では「女子」という言葉が「意味するもの（シニフィアン）」として，どのようなことが意味されているか——それは，「カワイイ」「おしゃれ」「自分みがき」などのキーワードに集約されるものであろう。こうしたものが，「女子」という「ジェンダー性」と絡まり合いながら「意味されるもの（シニフェ）」となっているのである。

実際『金沢女子旅』という観光情報誌をみても，タレントの中川翔子を起用して「金沢のカワイイをお届けします」というキャッチコピーが書かれていたり，他のページにも「カワイイ」の文字が多用されていたりする。また金沢の伝統工芸に触れる観光が，「ワタシを磨く体験満喫コース」として紹介されており，「自分みがき」と結びつけられていたりもする。また世界一周を行った10名の女性の体験談が掲載されている『世界一周 女子旅 BOOK』という観光情報誌でも，共通して一様に，旅行体験を「自分みがき」と結びつける言葉が繰り返し語られていたりするのである。

では，「意味するもの（シニフィアン）」である「女子」という言葉と，「意味されるもの（シニフェ）」である「カワイイ」「おしゃれ」「自分みがき」が一体となることで，「女子」は何を意味する言説となっているのだろうか。それは実は，「何も意味しないこと（空虚性）」を意味しているのではないだろうか。

少し分かりにくいので，もう少し説明したい。

「女子」は，「カワイイ」「おしゃれ」「自分みがき」を意味している言葉であると先に述べた。だが，「カワイイ」「おしゃれ」「自分みがき」は女性だけに限定して見られるものではないはずだ。男性であろうが女性であろうが，あるいは，そのどちらでもあろうが，どちらでもなかろうが，人はすべて「カワイイ」「おしゃれ」「自分みがき」に関わることができるのである。そうであれば，すべての人間が「女子」であり，すべての人間が「女子」ではないことになる。とするならば「女子」という言葉は，すべての人間に当てはまり得る記号であることになるが，そうであるのなら，それは結局，何も意味しないことになるのではないか。この点で，「女子」という言葉は，「無意味な空虚性」に満ち溢

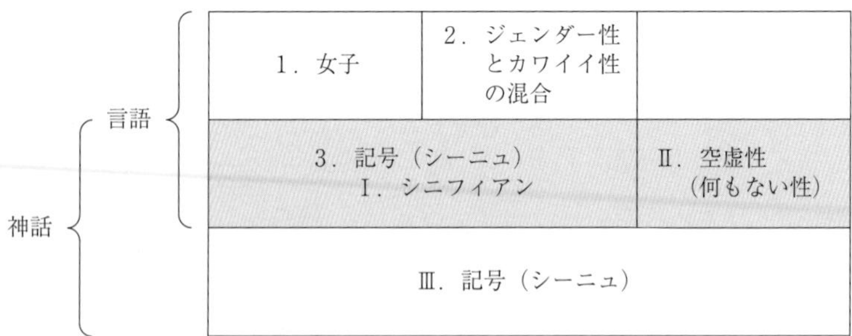

図14-4　「女子」という言葉に関する記号論的分析

出所：筆者作成。

れている記号だといえるのである（図14-4）。

この点を肯定的に捉え，「女子」という記号に，伝統的なジェンダー規範からの解放の可能性をみる論者もいる。だが「女子」という「無意味な空虚さ」を有する記号は，伝統的なジェンダー規範からの解放ではなく，逆に，ジェンダー規範が形を変えて，社会のより深部の見えにくい所にまで浸透してしまっていることを表現しているのかもしれないのである。

実際，『朝日新聞』では「『女子力』って？」という特集記事を，2017年１月から２月にかけて組んでいたが，そこにおいて，以下のような言葉が述べられていた。

居酒屋で料理がきた際に，『ほら，女子力発揮して』と取り分けを要求された。世間で言われている女子力とは，その内容は女子にのみ求められるものではないはず。女子ができていないと何かがっかり，女子にやってもらった方が気分が良い，そんなのは受け手側の勝手な都合だと思う。そういった概念がいわゆる女子力がない女性をじわじわと追い詰め，女子力を見せる女子を攻撃させてしまう原因の一つかと。（岩手県・20代女性）

女子力はなぜはやり，『男子力』は聞かないのか。日本には，『女性は気配り，料理などの家事ができたほうがいい女といえる』という固定観念があった。しかし，やっとそこから抜け出し，『家事・料理は男性もできたほうが良い』の風潮になってきたところに，雑誌かマスコミが『女子力』をはやし立てた。これにより，また新たな固定観念が生まれた。世の中は，女性に呪縛をかけるのが好きなのだろうか。（埼玉県・20代その他）

以上の言葉でも分かるように，「女子」という言葉のもとで，私たちは「生きにくさ」を感じてしまう場合もあるのだ。「男は～であるべき」「女は…であるべき」という伝統的なジェンダー規範そのままではないにしても，形を変えたジェンダー規範が，「女子」という記号によってもたらされていると考えることができるのである。「女子」が「何も意味しないこと（空虚性）」を意味する記号であるがゆえに，それはいっそう，社会の深部にまで浸透してしまう危うさをもち，ジェンダー規範の「意味」を充溢させていくのだ。

「空虚なる意味」は，「空虚」であるがゆえに「意味」を充溢させてゆく。これについてバルトは『表徴の帝国』において，皇居という「空虚さ」こそが，東京という都市に意味をもたらしていると主張する。「空虚さ」があるがゆえに，東京は意味が充溢した場所となっているというのだ。「女子」という記号の「無意味な空虚さ」も，同様ではないか。「女子」という記号の「無意味な空虚さ」は，社会的にまったく無意味なのではない。逆である。それは，新たな形で深部にまでジェンダー規範を浸透させるものとして機能し，その点でジェンダーの新たな意味を充溢させていくのである。このように考えるならば，「女子旅」はジェンダーとの関わりにおいて，新たなる陥穽（かんせい）をもたらすものとなっていることが浮彫になるのである。理論的な視点は，このような分析を可能にしてくれるのだ。

ブックレビュー

メディアの「表現」論，「表現と社会の関係」論，「アーキテクチャー」論，「ソフト・パワー」論としてまとめた理論的な視点について，より詳細に知りたいという人は，遠藤英樹『現代文化論――社会理論で読み解くポップカルチャー』（ミネルヴァ書房，2011年）をお薦めする。

また具体例で挙げたロラン・バルトの記号論については，ロラン・バルト『表徴の帝国』（ちくま学芸文庫，1996年）や『現代社会の神話　1957』（みすず書房，2005年）を見てもらいたい。ロラン・バルトその人に興味をもったのなら，石川美子『ロラン・バルト——言語を愛し恐れつづけた批評家』（中公新書，2015年）が読みやすいだろう。

これらに加えて，実際に記号論的な視点で読み解いた具体例として，ジュディス・ウィリアムスン『広告の記号論——記号生成過程とイデオロギー』（柘植書房新社，1985年）がある。かなり以前の本ではあるが，いまでも興味深い。

（遠藤英樹）

第15章
観光メディアの内容分析
——観光ガイドブックやSNSに関する量的リサーチ——

前章でもメディアの「表現」論として位置づけうる記号論的な視点を用いて，女子旅のガイドブックを分析したように，メディアの「表現」論，「表現と社会の関係」論，「アーキテクチャー」論，「ソフト・パワー」論など理論的な視点から，観光メディアを分析していくことは非常に大切である。

ただ，こうした理論的な視点のみだと，それを用いる人によって，分析結果が変わることもある。もし違う人が観光ガイドブックやSNSなどの観光メディアのデータを分析したとしても分析結果が大きく変わらないように，数字で表現し，統計的に処理することができれば，理論的な視点を用いた分析を補完することができるだろう。本章では，その方法として，観光メディアの内容分析を紹介していく。

1　内容分析とは

内容分析とは何か。これは，メディアで表現されるコンテンツ（内容や中身）が何を表現しようとしているのかを分析するための手法である。その意味では，前章第1節の「メディアの『表現』論」も，広義には内容分析に含めることができる。しかしながら本章では，狭義の内容分析にのみ限定して，この言葉を用いている。

狭義の内容分析とは，クラウス・クリッペンドルフたちによる定義に基づいている。内容分析を確立するうえで大きな役割を果たしたクリッペンドルフは，『メッセージ分析の技法』という本の中で，内容分析を「データをもとにそこから（それが組み込まれた）文脈に関して再現可能で（replicable）かつ妥当な（valid）推論を行うための一つの調査技法」であると定義している（クリッペンドルフ 1989：21）。

すなわち，メディアで表現されるコンテンツ（内容や中身）について誰が分析してもそれほど大きく異なる結果にはならないように（これを「再現性」があるという），実証的かつ統計的に分析していこうとする手法，それが狭義の内容分析なのである。それは，新聞，ガイドブック，パンフレット，SNS の書き込みなど，文字で表されるデータ（テキストデータ）を収集し，これを統計的に処理し，数値化し，分析する技法だといえよう。

2　内容分析の具体例

(1)観光メディアの内容分析

この狭義の内容分析について，どのような具体例があるだろうか。たぶん，具体例を通してみてもらった方が圧倒的に分かりやすいと思われるので，以下では，筆者が「観光という『イメージの織物』――奈良を事例とした考察」(『社会学評論』Vol.52 No.1，pp.133-146，2001年）という論文において，観光メディアの分析を行った事例を紹介してみたい。

ここで分析の対象にしたのは，主に観光パンフレットや観光情報誌といったテキストメディアである。具体的には，①『EVENT NOTE '96』，②『大和催事記イベント手帳』，③『イベントノート 実感・体験 奈良大和路・旅百景』，④『ブルーガイド ニッポン［28］奈良』，⑤『'95 るるぶ 京都奈良』，⑥『マップル県別情報版［29］奈良県』，⑦『マップルマガジン［A18］奈良大和路』，⑧『メイトガイド［29］奈良』，の８冊である。これらテキストメディアから，154件のキャッチコピーを抜き出した。

こうして抜き出した154件のキャッチコピーのうち，以下20項目のイメージに

コラム14　ダミー変数

もともと数字ではないものを，数値情報へと置き換え（コーディングし），「０」や「１」のようにしたデータを「ダミー変数」という。

ついて，それを表現しているものには「１」，表現していないものには「０」と，一定のルールに基づいて数字で置き換えた。これを「コーディング」という。

> ①「観光リゾート地」，②「ロマンチック」，③「歴史」，④「おしゃれ」，⑤「伝統的」，⑥「楽しいイベントが多い」，⑦「食べ物がおいしい」，⑧「土産物の良い」，⑨「自然が豊か」，⑩「新しい」，⑪「ショッピングが楽しめる」，⑫「しっとりした風情」，⑬「華やかな」，⑭「厳粛」，⑮「文化的」，⑯「活気のある繁華街」，⑰「人情味あふれる」，⑱「さわやかな」，⑲「エネルギッシュ」，⑳「のんびり」

図15-１の分析結果をみると，「歴史」のイメージを表現している言説は154件中の69％で，最も多く反復されていることが分かる。これによって奈良の「過去」が，観光されるべき《時間》，いわゆる「歴史紀行」として表象されているといえる。さらに，これに次いで「自然」のイメージを表現している言説が154件中47％と多く，以下，「厳粛」（38％），「伝統」（19％），「ロマンチック」

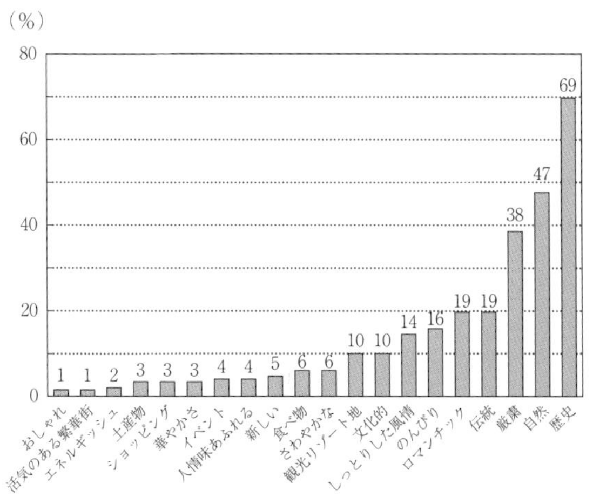

図15-１　観光情報誌が提供する奈良のイメージ

出所：筆者作成。

(19%),「のんびり」(16%),「しっとりした風情」(14%) と続く。こういったイメージのもとで，奈良は観光されるべき空間として構築されていることがみてとれたのである。

(2)内容分析の結果を，質問紙調査のデータ分析結果と比べる

そのうえで次に，この内容分析の結果を，観光客に対する質問紙調査の結果と比べてみた。質問紙調査は，奈良へ実際に訪れている観光客たちが，奈良という観光地をいかに読み解いているのかを分析するために以下のように実施されたものである。

【調査期間】1997年５月24日（土）・25日（日）
【調査法】調査地まで調査員を派遣して行う面接調査
【調査地】①東大寺南大門・②ならまち格子の家・③法隆寺
【調査対象者】各調査地を訪れていた日本人観光客
【回答者数】772名

この調査の質問項目については観光メディアで用いた20項目に対応しており，その単純集計結果は，表15-１の通りであった。

あるイメージ（項目）と他のイメージ（項目）の関係のパターン（構造）を明らかにするためには，統計的分析において「似たもの同士の関係を探る手法」の一つである「クラスター分析」が有効である（第12章参照)。そこで，観光メディアのデータと観光客に対する質問紙調査データ，それぞれについてクラスター分析を用いて，奈良イメージのパターン（構造）を明らかにし，それらを比較検討してみた。その結果は，図15-２と図15-３に示されている通りであった。

これを見ると，おおむね両者は同型性を持つことが見てとれる。両者とも，③「歴史」，⑤「伝統的」，⑨「自然が豊か」，⑫「しっとりした風情」，⑳「のんびり」，⑮「文化的」，⑭「厳粛」，①「観光リゾート地」，②「ロマンチック」といったイメージ群と，⑯「活気のある繁華街」，⑲「エネルギッシュ」，⑩「新

表15-1　奈良のイメージに関する質問紙調査・単純集計表

質問項目		まったく思わない	あまり思わない	ふつう	まあまあ思う	とても思う	欠損値	合計
1　奈良は観光リゾートだと思う	頻度	36	168	141	245	180	2	772
	%	4.7	21.8	18.3	31.8	23.4		100
2　奈良はロマンチックな町である	頻度	16	59	181	308	204	4	772
	%	2.1	7.7	23.6	40.1	26.6		100
3　奈良は歴史を感じさせる町だと思う	頻度	2	4	28	136	601	1	772
	%	0.3	0.5	3.6	17.6	78.0		100
4　奈良はおしゃれな町だと思う	頻度	37	169	371	140	43	12	772
	%	4.9	22.2	48.8	18.4	5.7		100
5　奈良には伝統があると思う	頻度	2	6	16	134	607	7	772
	%	0.3	0.8	2.1	17.5	79.3		100
6　奈良には楽しいイベントが多いと思う	頻度	75	263	304	81	29	20	772
	%	10.0	35.0	40.4	10.8	3.9		100
7　奈良の食べ物はおいしいと思う	頻度	34	177	407	104	34	16	772
	%	4.5	23.4	53.8	13.8	4.5		100
8　奈良の土産物をぜひ買って帰りたいと思う	頻度	46	165	289	183	79	10	772
	%	6.0	21.7	37.9	24.0	10.4		100
9　奈良は自然の豊かな町だと思う	頻度	3	13	81	300	371	4	772
	%	0.4	1.7	10.5	39.1	48.3		100
10　奈良は，新しいことをどんどん取り入れていると思う	頻度	65	254	339	77	25	12	772
	%	8.6	33.4	44.6	10.1	3.3		100
11　奈良にはショッピングを楽しめる場所が多いと思う	頻度	115	317	264	48	17	11	772
	%	15.1	41.7	34.7	6.3	2.2		100
12　奈良は，しっとりした風情（ふぜい）があると思う	頻度	1	14	114	314	323	6	772
	%	0.1	1.8	14.9	41.0	42.2		100
13　奈良には華やかさがあると思う	頻度	33	210	338	129	51	11	772
	%	4.3	27.6	44.4	17.0	6.7		100
14　奈良に，厳粛（げんしゅく）な雰囲気があると思う	頻度	10	40	177	300	240	5	772
	%	1.3	5.2	23.1	39.1	31.3		100
15　奈良は文化的な町だと思う	頻度	4	17	89	279	375	8	772
	%	0.5	2.2	11.6	36.5	49.1		100
16　奈良の繁華街は活気があると思う	頻度	63	267	342	63	18	19	772
	%	8.4	35.5	45.5	8.4	2.4		100
17　奈良は人情味あふれる町だと思う	頻度	11	85	407	189	60	20	772
	%	1.5	11.3	54.1	25.1	8.0		100
18　奈良は，さわやかな町だと思う	頻度	8	55	374	233	92	10	772
	%	1.0	7.2	49.1	30.6	12.1		100
19　奈良はエネルギッシュな町だと思う	頻度	66	278	344	50	20	14	772
	%	8.7	36.7	45.4	6.6	2.6		100
20　奈良は，のんびりとくつろげる町だと思う	頻度	3	21	93	340	311	4	772
	%	0.4	2.7	12.1	44.3	40.5		100
21　これからも奈良に来ようと思う	頻度	5	9	124	290	340	4	772
	%	0.7	1.2	16.1	37.8	44.3		100

出所：筆者作成。

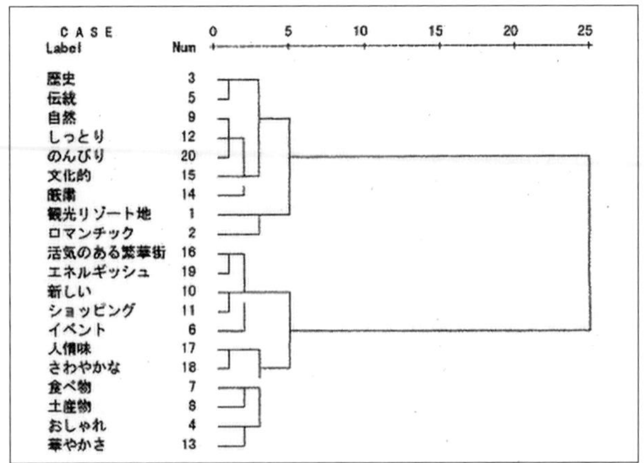

図15-2　観光客のイメージ構造

出所：筆者作成。

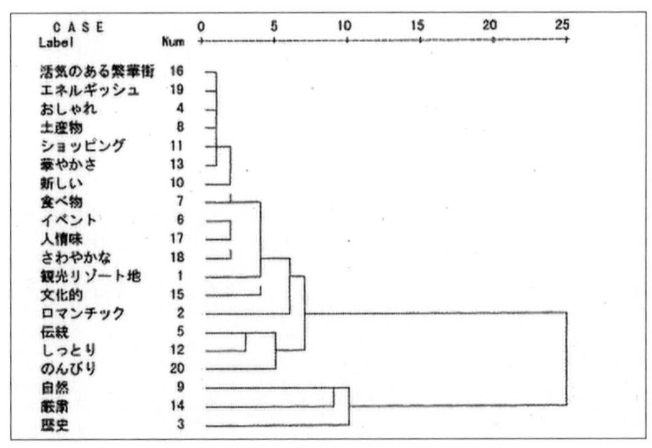

図15-3　観光メディアのイメージ構造

出所：筆者作成。

しい」，⑪「ショッピングが楽しめる」，⑥「楽しいイベントが多い」，⑰「人情味あふれる」，⑱「さわやかな」，⑦「食べ物がおいしい」，⑧「土産物の良い」，④「おしゃれ」，⑬「華やかな」といったイメージ群の２つのグループに大きく分かれている。したがって，どちらのデータも同じイメージ（項目）同士が近しい関係にあるパターンとなっている。とすれば，観光客は，観光メディアのイメージ構造をそのままに受け入れているにすぎないと考えることができた（観光メディアのイメージ構造＝観光客のイメージ構造）。

しかしながら細部を見ていけば，それぞれのイメージ構造にはズレが生じていることもまたみてとれたのである。たとえば観光メディアにおいては，⑫「しっとりした風情」，⑳「のんびり」といったイメージが，⑤「伝統的」というイメージと最も緊密に結びつけられ呈示されている。観光メディアでは，この２つのイメージが「古都散策」という販売戦略のもとで強調されているわけだが，観光客のイメージ構造に目を転じてみると，⑫「しっとりした風情」や⑳「のんびり」といったイメージは，⑤「伝統的」というイメージではなくて，むしろ⑨「自然が豊か」というイメージと緊密に結びつけられている（観光メディアのイメージ構造≠観光客のイメージ構造）。

⑶インタビュー調査も補足させて用いる

これに補足する形で観光客のインタビューもみると，その点がより鮮明に浮かび上がる。彼らはインタビューで以下のように述べていた。

「古都にふさわしい静かなおだやかな町並と思ったがやはり近代的感覚が強かった。」

「いわゆる奈良の町なみは，人々の生活の場であるわけですから仕方ないのですが，何か，ゴッタがえしという感じで失望します。その町並みの中にひっそりと元興寺や十輪院などがあるわけですがしっくりと町並みにとけ込んでいるとは言いがたい感じです。これは旅人の勝手なのぞみとは分かっていますが，もう少し落ち着いた雰囲気がほしいと思います。」

それに対して観光情報誌やパンフレットでは「しっとり」「のんびり」というイメージを「伝統」のイメージに結びつけつつ強調する傾向が見られ，「気分もゆったりと，静かに歴史を刻み続ける古刹を訪ねて」（『大和催事記イベント手帳』），「歴史の道をゆったりとした気分で歩けば，伝統のさまざまな素顔に出会えそう」(『イベントノート 実感・体験 奈良大和路・旅百景』）といったコピーが繰り返されている。

そうしたイメージの結びつきに対して，観光客たちは変更を加え，「奈良県南部は人間を快復させてくれる所です。交通が不便ですがそれゆえに真の自然が味わえて私はとても好きです。心が疲れたとき吉野は私に元気を与えてくれます」。「奈良は自然が多くて，とても落ち着くことができてよいところだと思う」と述べている。ここでは「しっとり」「のんびり」というイメージは，「古都らしさ」や「伝統的」というイメージに必ずしも結びつけられておらず，むしろ「自然」のイメージの方へ結びつけ読み換えられており，観光客たちが奈良という観光地のイメージを彼らなりの仕方で主体的に創りだそうとしている姿がうかがえる。

こうして見てくると，観光客は「観光地」のイメージについてたんに受動的にメディアのイメージを受け入れているわけではないと気づく。たしかに観光情報誌やパンフレットなどのメディアはイメージを形成するうえで大きな力を持ってはいるが，観光客は，既存のものではあれ観光メディアのイメージを利用しながらも，日々微細な変化を加えていると考えることもできたのである。

以上の結論は，実は，観光メディアの理論的な視点である「メディアの『表現と社会の関係』論」を展開するスチュアート・ホールたちの考えにも一致していた。こんなふうに，質的リサーチ，量的リサーチ，観光メディアの理論的な視点，内容分析を絡めながら議論を展開していくと，説得力が増す場合がある。

3　テキストマイニングとは

さらに，近年ではコンピュータ技術の向上に伴って，内容分析は，テキストマイニングの手法を取り入れることも可能となっている。テキストマイニングとは，テキスト（text：文章）とマイニング（mining：採掘）を組み合わせた造語であるが，膨大なテキストをデータとして分析し，そこから有用な情報を掘り当てていくといったものである。文章を文節や単語に分け，それらの出現頻

コラム15　共起ネットワーク図

共起ネットワーク図とは，テキストデータ内において出現頻度の高い語のうち，共に出現しやすい語を線で結んだ図のことである。強い共起関係ほど太い線で，出現回数の多い語ほど大きい円で表示（可視化）される。

度や，単語同士の関係性を探っていくのである。

テキストマイニングを行うためのソフトウェアとしては，KH Coderがある。これは，樋口耕一という社会学者が開発したテキストマイニング用ソフトである。KH Coderを用いた分析例として，以下では，LIANG Yuyao「中国人観光者によって構築される観光地イメージ――メディア作品『スラムダンク』に誘発される『鎌倉旅』を事例に」（『立命館大学人文科学研究所紀要』134号，pp.47-94，2023年）という論文をみてみよう。

この論文では，アニメ作品『スラムダンク』の聖地巡礼を事例に，中国人観光客が日本のメディア・コンテンツに基づいたコンテンツ・ツーリズムをいかに行い，鎌倉という場所のイメージを形成しているのかが検討されている。また，新型コロナウイルス感染症の中で，中国国内に「小鎌倉」を創出していくことで，鎌倉という日本のローカルな場所のイメージが，いかなるものへ変質したのかも論じられている。

その中で，中国人観光客と日本人観光客が，『スラムダンク』の聖地巡礼を行う際に，どのような違いがあるのかを明らかにしようとする章がある。この章ではまず，中国人観光客が携程（Ctrip／シートリップ）で発信した口コミ（2015～19年）などをデータに，KH Coderを用い共起ネットワーク図が作成されている（コラム15参照）。

図15-4にみると，中国人観光客は「鎌倉高校前駅」に対する口コミは，大きくは，「スラムダンク」「アニメ」「シーン」「江ノ電」などの単語のまとまりに分けられることみてとれる。別のまとまりでは，「桜木花道」「赤木晴子」「流川楓」「交差点」という単語が出てくる。これは，『スラムダンク』のオープニ

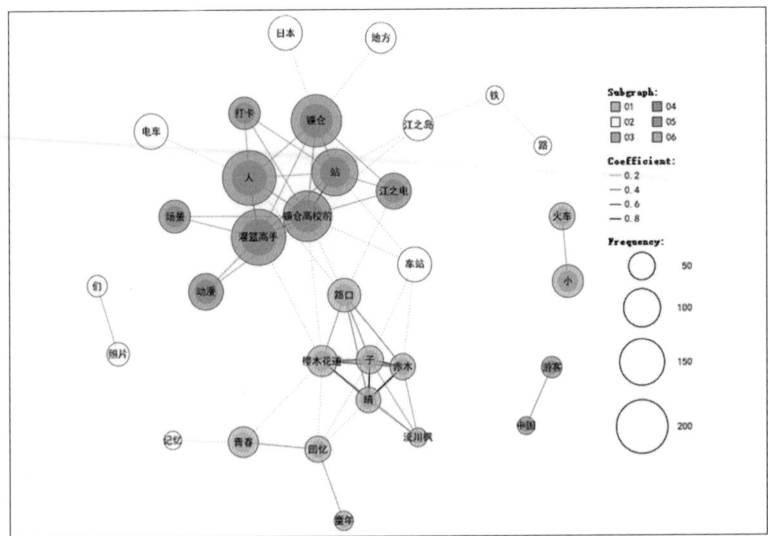

図15-4　「鎌倉高校前駅」をキーワードとした中国人による口コミの共起ネットワーク
出所：LIANG 2023：72

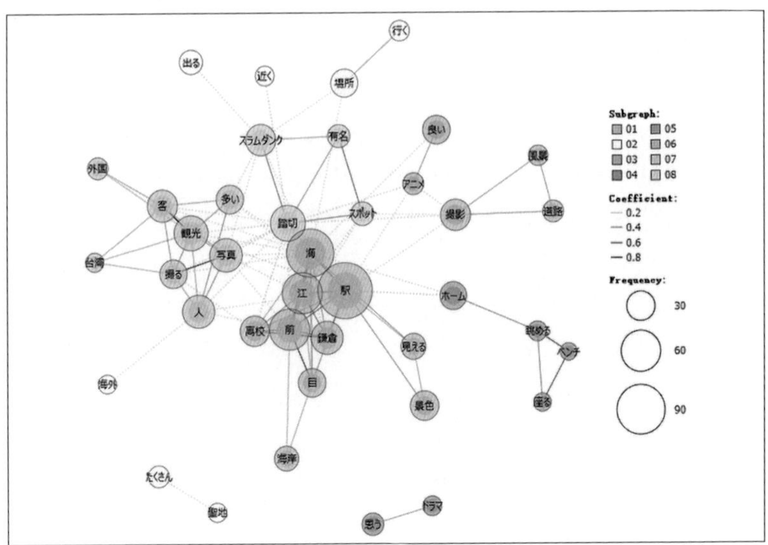

図15-5　「鎌倉高校前駅」をキーワードとした日本人による口コミの共起ネットワーク
出所：LIANG 2023：73

ング「君が好きだと叫びたい」中のシーン（桜木花道と赤木晴子が手を振るシーン）を描写したものである。これらに，「青春」「子供時代」「思い出」のまとまりが結びつけられている。

これに対して，日本人による「鎌倉高校前駅」に対する場所イメージと比較するべく，鎌倉高校前駅に行った日本人観光客がTripAdvisorにおいて2015年から2019年にかけて発信した口コミ118件をデータとして，共起ネットワーク図が作成されている。それが図15-5である。

この図をみると，日本人観光客の場合，「鎌倉高校前駅」と『スラムダンク』は関連性があるものの，中国人観光者ほど強くない。また日本人観光客の場合，「湾岸風景がきれい」といった肯定的イメージをもった言葉とともに，「写真を撮る外国人観光客が多い」「人が多い」のようなイメージをもった言葉も多く投稿されている。中国人観光客における「鎌倉高校前駅」イメージと異なって，肯定と否定の間でアンビバレントに揺れ動くイメージが日本人観光客にはあることが分かったのである。

このようにテキストマイニングのソフトウェアを用いることで，SNSの書き込みを実証的に分析する内容分析の精度を高めることが可能となる。

ブックレビュー

内容分析の定評ある専門書としては，やはりクラウス・クリッペンドルフ『メッセージ分析の技法——「内容分析」への招待』（勁草書房，1989年）を挙げなくてはならないだろう。また内容分析について簡潔にまとめられている論文には，日吉昭彦「内容分析研究の展開」（『マス・コミュニケーション研究』64号，pp.5-24，2004年）や千葉涼「内容分析研究の現状と今後の展望」（『マス・コミュニケーション研究』95号，pp.27-40，2019年）がある。

KH Coderを用いたテキストマイニングについては，樋口耕一『社会調査のための計量テキスト分析——内容分析の継承と発展を目指して［第2版］』（ナカニシヤ出版，2020年）や樋口耕一・中村康則・周景龍『動かして学ぶ！はじめてのテキストマイニング——フリー・ソフトウェアを用いた自由記述の計量テキスト分析』（ナカニシヤ出版，2022年）は必読であろう。

（遠藤英樹）

第16章
名所案内記や旅日記のリサーチメソッド

日本の観光史を振り返ると，楽しみのための旅が盛り上がりを見せたのは江戸時代である。江戸時代には，それ以前の時代と比べて，交通状況の好転，治安の安定，貨幣の統一などの要因によって，旅文化が飛躍的に発展した。また，旅先の名所を紹介する名所案内記をはじめとする旅に関連する書籍が数多く出版された。そうした書籍から，人々は，旅や名所に関わるいろいろな情報を得られるようになった。さらに，このように旅が盛んになった時代には，自らの旅の記録を旅日記として残す旅人もいた。

こうした歴史資料である名所案内記や旅日記の分析から，現在の観光地に相当する過去の名所の様子や，観光としての旅現象の実態について知ることができる。そこで本章では，まず江戸時代に出版された名所案内記と，旅人の記録である旅日記の概要について説明する。そのうえで，名所案内記や旅日記の分析方法を，これまでの研究成果や事例に基づいて解説していく。

1　観光の歴史を知るための歴史資料

現代の観光と実質的に同等と見なされる，江戸時代の「楽しみのための旅」は，幕府や藩によって建前上は制限をされていたものの，信仰を目的とした寺社参詣や，医療行為である湯治を目的とした旅は許容されていた。さらに，伊勢信仰が全国的に広がっていた状況で，多くの人々は参宮を目的に旅へ出て，その帰路に京都や大坂で娯楽的な名所見物を行っていた。

江戸時代には，出版文化が隆盛となった動静から，旅に関わる様々な書物が出版された。その中には，一生に一度の伊勢参宮をサポートするための旅の案内書や，旅先の名所を紹介する名所案内記と呼ばれる書物もあった。

⑴出版物・名所案内記

名所案内記とは，各地の名所とされる場所やその由緒，土地の名物や名産などを紹介する現在の旅行ガイドブックのような役割を担う書物を指す。出版物なので，比較的数多く現存している。主要な名所案内記は，復刻版や現代語訳として出版されているので，中身を確認するのは難しくない。

名所案内記は，各地の名所を紹介しているため，これを見ればその地域でどういった場所が名所とされていたのかが分かる。名所の中には，現在も名所＝観光地として多くの観光客を惹きつけている場所もあれば，すでに廃れてしまった場所もあるだろう。また，現在の私たちが歴史ある名所だと思う場所が，江戸時代にはまったく注目されていなかったという事例もありえる。名所案内記は，地域の名所の歴史を知るうえでは，欠かすことのできない資料である。

名所案内記の中でも，1780（安永９）年に出版された秋里籬島による『都名所図会』をはじめとする名所図会シリーズは，名所を俯瞰図で描いた挿絵の豊富さで評判となり，大ベストセラーとなった。その流行を契機に，各地で同じような試みの名所図会が出版された。

名所図会の図絵は，名所とその周辺の様子を描き出している。幕末に西洋から流入した写真技術が普及する以前の名所の様子を知るには，名所図会が格好の資料となる。しかし，名所図会の記載はすべてが現実に促しているわけではない。それには，作者の意図が内在していることもある。

また，着物の袖や袂に入れて持ち運ぶことを想定して作成された名所案内記は，小型案内記と呼ばれる。小型案内記の紙面は少ないため，そこに記載される名所は限定されてしまう。一方で，１日のモデルコースが示されるなど，実際の名所見物の際に役立つよう工夫が凝らされているものも多い。

代表的なものとして，貝原益軒が作成した京都の小型案内記『京城勝覧』(1706）がある。これは，洛外の名所を17日間のモデルコースに分けて紹介している。18世紀初頭に出版された後，幾度か再刻・再版を繰り返しながら，幕末まで出版され続けた。実用的であるがゆえに，実際の「観光行動」を考える際にも参考となる資料だといえよう。

このような名所案内記は，近年刊行版として多く出版されている。資料を読み解くための解説本なども見られる。また，出版物として刊行されていない名所案内記も，図書館や資料館，博物館などのホームページでデジタルアーカイブとして公開されている場合がある。閲覧には，国立国会図書館のデジタルコレクションや，早稲田大学の古典籍総合データベースなどが便利である。他にも，京都に関する名所案内記は，京都学・歴彩館の「京都地誌データベース」などでも閲覧できる。これらをあわせて参照し，目的のものを探してみるとよい。

⑵旅の記録・旅日記

旅人が自らの旅を著した記録は「旅日記」と呼ばれる。これは，道中記，道中日記などとも称される。また，文学的な要素を含むものは紀行文と呼ばれることもある。ただし，「道中記」は，旅人による実際の旅の記録だけではなく，出版物である旅の道中案内を指すこともある。この点には注意が必要である。

江戸時代には，旅文化の隆盛により，様々な階層の人々が旅に出ていた。その中でも多くを占めて階層の人々は，もともと人口割合の多い農民である。農民による旅の目的は，ほとんどが伊勢参宮であった。農民は，村々で伊勢講を結成し，毎年旅の資金を積み立てて旅に出ていた。そのため，農民による旅日記は，自身の所属する講へ旅の報告をするための備忘録的な役割も担っていた。その役割ゆえ，訪れた場所や見たものの他に，どこで何にいくら使ったという費用の記録も多く見られる。このように，農民の旅日記は，当時の旅文化を明確に書き残しているので，その旅日記から当時の文化の様相を的確に読みとれる。

一方で，学者や歌人，武士や上層町人といった知識人と呼ばれる人々も旅日記を書いている。知識人の旅の目的は，必ずしも伊勢参宮とは限らない。その旅には，西国での公務，遊学，湯治といった様々な目的が見られる。

知識人の旅日記は，出版されたり写本で流通したりした。その旅日記は，旅の途中で覚書のような形で記録を残し，後にそれを編集して完成されている。そのため，知識人の旅日記の完成度は，農民の旅日記と比べるとより高い。特に，旅先で詠んだ歌が記されているような，文学的な要素を含む旅日記は「紀行文」と称される。

このような知識人の旅日記には，農民の旅日記に見られる費用の記録はほとんどない。そのかわりに，知識人の記録は，名所や道中に関して農民によるものよりも詳細である。そのため，知識人の日記は，知識人が見た名所の様子や，旅人としての知識人の関心を知るうえでは有用な資料となる。

旅日記は，全国各地に残されている。そして，今後も資料調査を進めることで新たな旅日記の発見が予想される。すでに発見された旅日記の原本の中には，地域の資料館や図書館に所蔵されていることもある。また，活字化された旅日記は，旅日記を集めた資料集や，各地の自治体史に所収されている場合もある。旅日記がどんなものか読んでみたければ，『日本庶民生活史料集成』の探検・紀行・地誌の巻（1～4・20巻）や見聞記を扱った巻（8巻），京都に関しては，在京部分を抜粋した『史料京都見聞記』（全5巻）などを見るとよい。

2　名所案内記から過去の名所を知る

名所案内記の研究は，歴史地理学の分野を中心に進められてきた。最も基本的な研究テーマは，江戸時代を通じて特定の地域でどういった名所案内記が出版されてきたのか，名所案内記の体裁やそこに記載された名所が，それぞれどのように影響し合うのか否か，という課題である。

対象地域において，どこが名所として記載されているのかを把握することは，名所案内記を分析する際の基本事項である。対象とする場所や資料によっては，記載されている名所数が膨大となるので，すべてを把握するのは根気のいる作業となるが，Excelなどを用いてデータをまとめておくと便利である。また，この時に名所の場所を比定して地図化してみると，その地域における名所の地理的な特徴を知ることができる。

名所の中には，現在すでに所在が分からなくなってしまっていたり，所在が変わってしまっていたりして，当時の場所を比定することが難しい場所もある。そのため，江戸時代の名所をすべて現在の地図上に落としこむ作業は時間

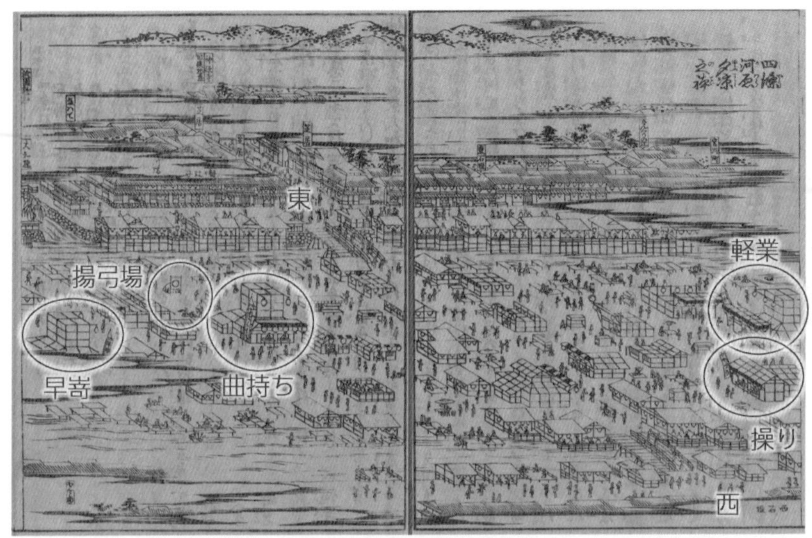

図16-１　『都名所図会』「四条河原夕涼之体」
出典：国立国会図書館デジタルコレクションより加筆・転載。

を要する。その際，GIS を使うと，複数の資料から得られた名所の位置情報をまとめて管理できて，地図化もしやすい。

また，名所には神社，寺院，歌枕，旧跡，盛り場，景勝地といった多様な性格の場所が含まれる。単一ではなく，複数の性格が重複している場合もある。そういった名所の性格も併せて表に整理しておくと，今後の分析に役立つだろう。

名所案内記には，名所の由緒や歴史といった事項に加えて，しばしば挿絵が付されている。なかでも「名所図会」は，当時の名所の景観が描かれた挿絵が豊富である。

図16-１は，『都名所図会』にある「四条河原夕涼之体」という図絵である。この図絵は，現在は四条大橋の架かっている四条通りの鴨川の河原で，人々が夏に夕涼みを楽しむ様子を描いている。現在も京都の鴨川沿いの飲食店では，現在も納涼床での食事を楽しむことができるので，馴染みのある人も多いだろう。

江戸時代の鴨川は四条付近で左右に分かれ，その間が中州のようになっていた。図絵を見ると，その中州には茶店が出たり，見世物小屋が建ったりしていた様子が分かる。

この図絵では，西から東を俯瞰するように河川敷が描かれている。川沿いには床几（しょうぎ）が出ており，人々が川を眺めながら飲食を楽しんでいる。西にある橋を渡って中州へ入ると，右手には「あやつり」と書いた幟（のぼり）があり，操り人形芝居の見世物小屋が確認できる。同様に，左手奥には「曲持ち」(曲芸) や「早嵜」(軽業師) といった幟も見える。その他にも，弓矢で射的を楽しむ人々の姿もある。江戸時代の鴨川の河川敷は，人々の集う納涼の場となっており，「名所」として認識されていた。このように，『都名所図会』の図絵からは，当時の景観を知ることができる。

ただし，注意しなければならないのは，「名所図会」の挿絵は必ずしも正確に当時の景観を描いていないという点である。名所図会の挿絵には，作者が持っていた名所への認識やイメージ，思いなどが反映されている。たとえば『江戸名所図会』には，不自然に江戸城が描かれていなかったり，画面上に名所を描きこむため空間を歪めて描写していたりする。ここには，作者の意図が見え隠れする。江戸城が脱落しているのは，作者の斎藤月岑（さいとうげっしん）が幕府に遠慮したこともあったが，江戸を武家社会ではなく町方の世界として演出したかったからだとされている。

同じように，『都名所図会』の「神泉苑」の挿絵では，二条城が現実よりも小さく描写され，その手前の神泉苑は強調されている（図16-2）。二条城は徳川家の象徴であり，神泉苑は平安時代の雅な公家社会を象徴する場である。ここから，作者の秋里籬島は，京都を帝のいる皇都として演出をしたかったと指摘されている。

このように，名所の表象には作者の意図が含まれている事例がある。そこで，名所図会の図絵から当時の景観を検討する際には，古地図や浮世絵，別の案内記などをあわせて分析する必要がある。

このような名所案内記に表象されている名所の認識には，作者の抱いていたイメージが投影されているという解釈もできるが，その認識内容が当時の人々

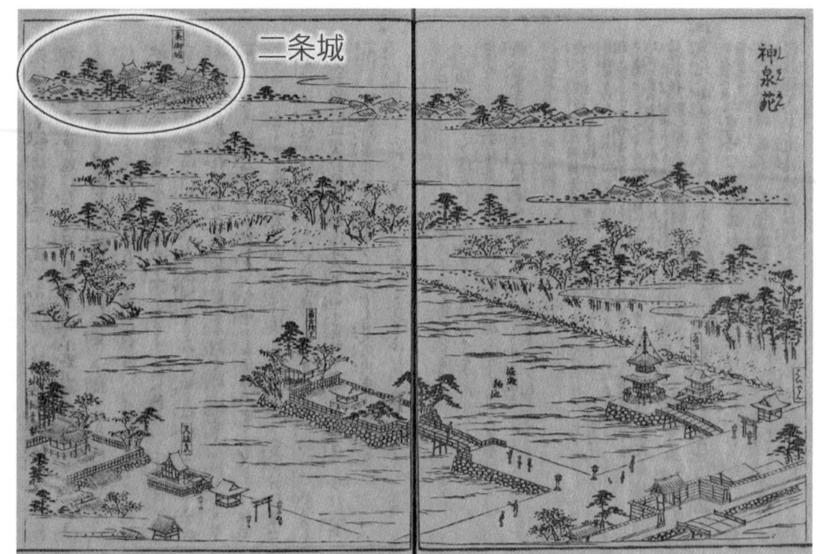

図16-２　『都名所図会』に描かれた神泉苑と二条城

出典：国立国会図書館デジタルコレクションより，長谷川奨悟（2010）「『都名所図会』にみる18世紀京都の名所空間とその表象」（人文地理62-４）を参考に加筆・転載。

の共通認識だとも捉えられる。そのような共通認識を「名所観」と呼ぶ。

「名所観」とは，当時の人々が特定のある場所を「名所」とする共通認識として特徴づけられる概念とされている。名所観を知るためには，最初に整理した名所の情報，つまり，それぞれの名所がどのような性格で，どういった由来や歴史を持つのか，といった事柄が重要となる。

京都でも江戸でも大坂でも，名所の中で寺社が占める割合は高い。京都や大坂は，歴史的な由緒を持つ寺社が名所として数多く取り上げられている。くわえて，古くから和歌に詠まれた「歌枕（うたまくら）」が数多く存在する。そういった場所も，京都や大坂の名所とされている。ただし，大坂については，そのような歴史的な名所に加え，経済的な発展を象徴する当時賑わっていた場所も名所として取り上げられる。

一方で，江戸は新興都市であったために，もともと歌枕が少なく，過去に由緒を持つ歴史的な名所が少ない。そのため江戸では，同時代に新しく賑わいの創出された場所が名所とされた。つまり，複数の名所案内記から三都の名所について比較検討すると，それぞれの都市で名所観が異なっていた。名所観の比較研究から，都市によって人々が異なるイメージを抱いた様相が浮かび上がる。

3　旅日記から旅人の行動を知る

旅人による旅の記録である旅日記からは，当時の旅の実態を知ることができる。

旅日記の研究は，歴史学や歴史地理学の視点から考察されてきた。なかでも基本的な研究テーマは，旅日記に記された旅人の行程を復原し，江戸時代の旅のあり方を検討するものである。

現存する旅日記については，東日本から伊勢参宮を記した日記が多い。西日本発の旅日記ももちろん存在するが，数としては東日本発のものが圧倒的に多く確認されている。そのため，旅日記を用いた研究でも，東日本発の旅日記研究が多い。そこで，ここでも，東日本から伊勢参宮への旅を中心に取り上げてみたい。

たとえば，伊勢参宮を行った旅人の経路を復原すると，主に４つのパターンに分類できる（図16-３）。第１に，往路で東海道を上り，伊勢参宮の後，復路で中山道を下る。第２に，その際，参宮の後に高野山・奈良・大坂・京都などへ立ち寄り，中山道を下る。第３に，畿内をめぐった後に，大坂から船で金毘羅（こんぴら）を参詣し，再び畿内へ戻って中山道を下る。もしくは，第４に，金毘羅参詣の後，岩国の錦帯橋（きんたいきょう）や広島の厳島神社まで足を延ばし，畿内へ戻り中山道を下る。

このようないくつかのパターンの中でも，第３と第４の金毘羅参詣に足を延ばす経路は，19世紀以降に現れると指摘されている。これは，18世紀頃から江戸で金毘羅信仰が流行し始めたことが関連していると考えられている。旅日記から復原できる旅の経路からは，旅の実態やその背景にある当時の流行や旅人の関心を読みとれるのである。

図16-3　伊勢参宮を行った旅人の経路のパターン

出典：小野寺淳（1999）「道中日記にみる伊勢参宮ルートの変遷――関東地方からの場合」（筑波大学人文地理学研究14）を参考に筆者作成。

くわえて，旅日記からは，広い範囲にわたる長期の旅だけではなく，特定の地域内における旅人の名所見物行動についての分析も可能である。複数の旅日記から旅人の見物行動を比較すると，旅人の身分・職業といった社会的な属性によって，その行動が異なることが分かる。

たとえば鎌倉では，都市に居住する学者，医者，武士，上層町人，僧侶といった知識人は，「三所巡り」と呼ばれる江ノ島・鎌倉・金沢をくまなく訪れる行動をとっていた。それに対して，庶民層といえる農民の行動は鎌倉西部の主要名所に限定されていた。この違いは，鎌倉についての歴史的な知識を有していたか否か，という原因から生じると考えられる。知識人たちは，歴史書で

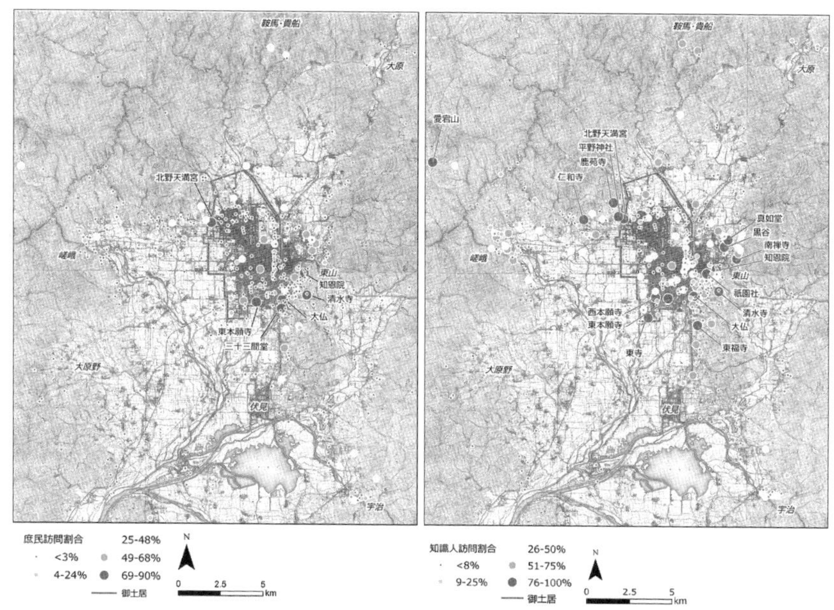

図16-4　武蔵国から京都を訪れた旅人による名所の訪問割合（庶民／知識人）

出所：谷崎友紀（2019）『近世京都における名所見物の歴史地理学的研究――旅日記の分析を中心に』（博士論文）より転載。

ある『吾妻鏡（あずまかがみ）』や軍記物語の『太平記』から得た知識を確認するような形で，鎌倉の歴史的名所をめぐっていた。

こういった旅人の行動を検討するうえで必要となるのは，名所案内記の分析と同様に旅人が訪れた名所をデータとしてまとめ，場所を比定する作業である。旅日記の記述は，出版された名所案内記と比べるとやや読みにくい。特に農民の日記は，漢字や送り仮名の使い方が自由なため，どこの名所を指しているのか分からない場合もある。その際は，同時代の名所案内記や古地図などと照らし合わせ，前後の文脈を加味したうえで場所を特定していく。

旅人の名所見物行動を地図化するという作業を何点かの旅日記で繰り返していくと，鎌倉の事例で見られたような行動のパターンが見えてくる。京都でも，鎌倉と同様に知識人と庶民の旅人の行動には差異が確認できる。図16-4

は，武蔵国から京都を訪れた旅人を知識人と庶民に分類し，それぞれが訪れた名所を集計し，各名所の訪問率を地図化している。この図から分かるように，庶民には，清水寺や知恩院といった東山の名所と，東本願寺，北野天満宮などの御土居に囲まれた洛中の一部の名所を訪れる傾向があるのに対して，知識人には，洛中洛外の名所を網羅的にめぐる傾向が見られる。これには，両者の京都における滞在時間も関係するが，嵯峨については時間だけでは説明できない。というのも，庶民層の一定数の旅人は，嵯峨の清凉寺と愛宕山を訪れているが，訪問はその2ヵ所に集中しており，その他の名所への関心が低いからである。

このような旅人の行動の理由を知るためには，知識人の旅日記の記述を検討しなくてはならない。嵯峨の名所をめぐった知識人の旅日記を見ると，臨川寺や天龍寺といった著名な寺院に加えて，いくつかの名所で特徴的な記述が見られる。このような名所は，「文学作品に関する名所」と「古歌に関連する名所」に分けることができる（表16-1）。

この表を見ると，文学作品に関する名所では，たとえば往生院において，「平清盛」や「祇王」「母刀自」といったキーワードがある。同様に，滝口寺には「滝口」「横笛」という人物の墓があったと旅日記に記されている。

往生院の「祇王」は，平清盛の寵愛を受けた白拍子（舞を舞う人）である「祇王」（人名）を指している。実在の人物とされているが，『平家物語』にも登場し，それを題材とした能や謡曲などで知名度が高い。同様に，滝口寺で触れられていた「滝口」「横笛」も人物の名前である。「滝口」は滝口入道と呼ばれた斎藤時頼であり，「横笛」は彼の恋人であった建礼門院（清盛の娘）に仕えていた女性を指す。この2人も『平家物語』の登場人物である。

以上を踏まえてみると，「戸難瀬の滝」にも同様の謂れがある。平安時代末期，高倉天皇に寵愛された「小督」という女性がいた。小督は，平清盛の怒りを買い，嵯峨野に追放され，最終的にこの戸難瀬の滝の近くで身を投げたと伝わる。小督も『平家物語』に登場し，謡曲の題材にもなっている。

次に，古歌に関する場所を見ると，二尊院では「定家」について記している旅日記が多い。同様に，清凉寺でも「定家の古跡」や「歌塚」があると旅日記

表16-1　嵯峨の名所における知識人による旅日記の記述

名所の由来	名所	旅日記にみる記述例
文学作品	往生院	c：妓王・妓女はらからの墓，母刀自・ほとけの墓なとうしろの山にあり。彼よみけるうたをおもひ出るに哀も一かたならす，かゝる所におもひ入けんほともたくひなくおほゆ。今も猶尼てらにてあり。〈誰もみな秋にはもれぬことのはをかけつゝしのふ袖そ露けき〉 d：清盛のかくれ家，清盛の像，きおん女御の像，同御妹の像有。 k：清盛浄海入道・祇王・祇女・仏御前・母刀自，五人の像あり
	滝口寺	c：これも滝口・横笛か墓とて山のうへにあり
	戸難瀬の滝	c：花はわかはにしけりたる，かけよりとをくおちくる滝，木かくれて水上もわかす，昔よりたえぬなかれなれは，さすかに水おほく，木ふかき中にをとせり。
古　歌	二尊院	b：定家卿の時雨の亭の跡もこゝにあり。 d：厭離庵は尼僧住せり。定家卿小倉の山荘の跡也。卿の墓は寺後に小き五輪塔有。為家卿の墓は門外藪の中に，石の井垣して木を植たり。しぐれのちんの跡もあり。誠かんせいの地なり。定家卿色紙残されしを，為家卿百人一首をゑらみ，残り三十六歌仙を作られし処なり。軒端の梅今はなし。 h：定家卿のむかしの跡厭離庵，為家卿の墓はすこしわきなる藪のほとりにあり k：小倉山は鹿の名所にして古歌多く残れり。長明神は門前にあり。厭離庵は中院にありて京極黄門定家卿の山荘の古跡にしていと寂たり。
	清凉寺	i：同所に定家卿の古跡，為家卿の歌塚などあり
	月輪寺	b：庭に時雨の桜といふあるをみて，〈山桜　立よる袖に　露おちて　たえす時雨の　ふるてらのには〉 c：そこに時雨の桜とてあり，円光大師・親鸞上人島へおもむき給ふ時，こゝにてわかれおしみ給ふ所といふ。 e：しだれの桜は兼実公の（欠字），とよまれたなりといふ。 k：時雨桜とて親鸞聖人北国左遷のときに，兼実公名残をおしみ給ひけれは，自作の像を残し，わかれの時此桜もともに時雨しといふて，いまも三月十六日より夏の頃まて花葉の先より露のおちて時雨るゝなり，是を扇にうけていへつとゝせり。

出典：谷崎友紀（2019）『近世京都における名所見物の歴史地理学的研究——旅日記の分析を中心に』（博士論文）より転載。

に記されている。月輪寺では，「時雨の桜」「（藤原）兼実」というキーワードが頻出している。二尊院（小倉山）や清凉寺は，藤原定家や息子の藤原為家に関連する旧跡，月輪寺は藤原兼実が歌を詠んだ「時雨の桜」がある場として伝わっている。二尊院や清凉寺，月輪寺についての旅日記の記述を見ると，知識人がそういった名所に関心を持っていたことが分かる。

知識人にとっての嵯峨は，古歌や文学作品の旧跡に関する名所が豊富な場所であった。知識人は庶民に比べてそのような名所に対する関心が高く，嵯峨の名所を積極的にめぐっていた。複数の旅日記から旅人の訪れた名所を地図化し，その地理的な特徴を抽出し，旅日記の記述を検討することで，旅人の行動の背景を知ることができるのである。

本章では，歴史資料である名所案内記や旅日記を用いて，過去の観光現象について検討する方法論を紹介してきた。出版物である名所案内記からは，どういった場所が名所とされてきたのか，過去の名所の景観がどのように特徴づけられたのか，人々が名所に対してどのようなイメージを持っていたのか，などの問いについての答えを読み取れる。一方，旅人の記録である旅日記からは，旅の経路や旅人の訪問名所，その裏にある旅人の関心を分析できる。

現代の観光現象を知るために江戸時代まで遡るのは，少し回り道のように思われる。しかし，娯楽的な旅が盛んとなった江戸時代の旅を理解し，旅文化や名所の発展過程や，過去と現在の比較についての検討は，現代観光をより深く考える手がかりとなりうる。

また，近年では歴史的な名所を観光資源として活用し，まち歩きの観光コースを創作する動きも見られる。名所案内記や旅日記の研究は，こういった地域の魅力を発掘する際にも有用となる。歴史資料を読み解く能力を身に付け，観光の歴史研究や実務に役立ててほしい。

ブックレビュー

上杉和央（2004）「17世紀の名所案内記にみえる大坂の名所観」『地理学評論』77（9），pp.589-608。

小野寺淳（1999）「道中日記にみる伊勢参宮ルートの変遷——関東地方からの場合」『筑波大学人文地理学研究』14，pp.231-255。

谷崎友紀（2017）「旅人の属性にみる名所見物の特徴——武蔵国から京都への旅日記を事例として」『人文地理』69（2），pp.213-228。

谷崎友紀（2018）「近世初期の歌枕を中心とした京都見物――石田常軒『所歴日記』を事例として」『歴史地理学』60（3），pp. 1 -17。
千葉正樹（2007）『江戸城が消えていく――『江戸名所図会』の到達点』吉川弘文館。
長谷川奨悟（2010）「『都名所図会』にみる18世紀京都の名所空間とその表象」『人文地理』62（4），pp.358-375。
原淳一郎（2011）『江戸の寺社めぐり――鎌倉・江ノ島・お伊勢さん』吉川弘文館。

（谷崎友紀）

補　章
分析ソフトを使いこなす

最後にここでは，これまで述べてきたリサーチメソッドにおいてよく用いられる分析ソフト―― SPSS，ArcGIS，KH Coder ――の操作が分かるように，マニュアルを付け加えておくことにしよう。

SPSS は Statistical Package for Social Science（社会科学のための統計パッケージソフト）の略で，IBM 社が提供する統計ソフトである。「SAS（Statistical Analysis System）」やフリーソフト「R」と並んで，社会学，地理学，心理学などの分野で，社会調査データを分析するためによく利用されている（第10～12章参照）。

ArcGIS は ESRI 社により提供されている GIS（Geographic Information System：地理学情報システム）用ソフトである（第13章参照）。少し操作が複雑なので慣れるまでに時間がかかるかもしれないが，慣れてしまえば，それほど面倒には思わなくなるし，非常に便利なソフトなのでぜひとも試してもらいたい。

KH Coder は，テキスト型データについて内容分析やテキストマイニングを行うためのソフトである（第15章参照）。社会学者の樋口耕一が中心となって開発され，観光ガイドブックのキャッチコピーや SNS に書き込まれた言葉などはもちろん，質問紙調査における自由記述や，インタビュー調査のデータ（第１章参照）などを分析する際にも有効である。

1　SPSS マニュアル

SPSS の操作は大きく，「データを準備する」段階と「データを分析する」段階に分けることができる。以下では，それぞれの操作について説明していこう。

⑴データを準備する

①データセットをつくる

データがなければ統計分析は始まらないので，まずもってデータを入力するところから始めよう。エクセルを用いて以下のように入力すればよい。

No	Q1	Q2	Q3	Q4	Q5	Q6
1	2	3	1	1	2	2
2	1	2	1	1	2	2
3	1	2	1	1	1	2
4	2	2	2	1	3	2
5	2	3	2	3	2	1
6	3	2	1	2	3	1
7	1	1	1	1	1	1
8	2	2	1	1	2	1
9	1	3	1	1	2	2
10	1	2	1	2	2	2
11	1	3	1	2	2	2
12	1	3	4	2	2	2
13	4	3	1	2	3	2
14	3	4	3	2	2	2

エクセルの表で縦の列には，質問紙調査の各問の回答を書く。横の１行目には英語で「Q１，Q２…」と質問番号を書いて，２行目から各人の回答を入力していこう。たとえば，上では，１人目（No.１の人）はQ１が２，Q２が３，Q３が１…と回答しており，２人目（No.２の人）はQ１が１，Q２が２，Q３が１…と回答している。これらをすべて入力した全データのことを「データセット」という。

②エクセルデータをSPSSに読み込む

エクセルで「データセット」を作成し終わったら，それをSPSSに読み込んでいく。SPSSの「ファイル」→「開く」→「データ」を選択する。そして「データを開く」が出てきたら，作成しておいたデータセットを見つけて「開く」を選ぶ。そして「OK」をクリックしていくと，読み込むことができる。

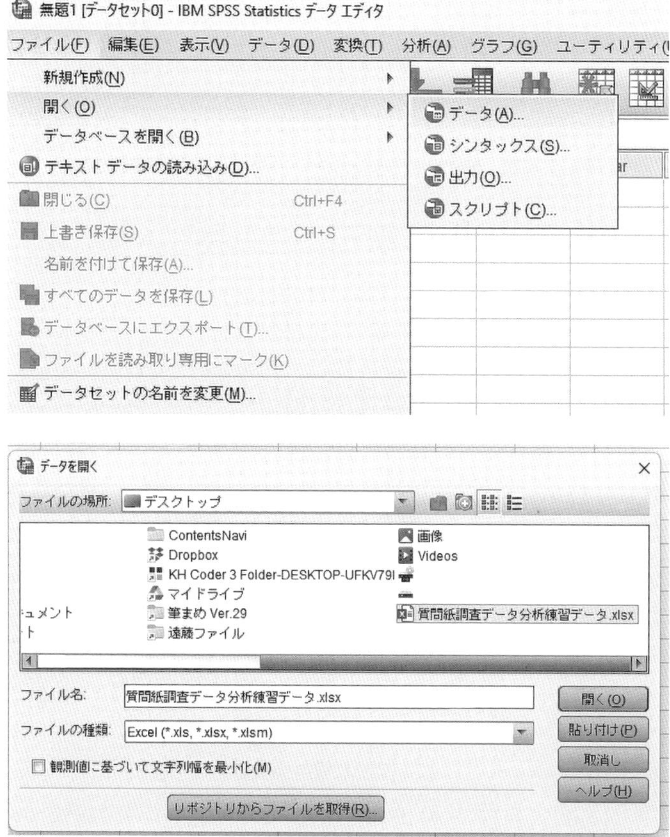

③データの定義

次にそれぞれのデータがどのようなデータだったのか分かるようにしておこう。それは「データの定義」という手順となる。SPSSの下に「変数ビュー」というタブがあるので，そこをクリックしてみよう。

そうして以下のように，各データを定義していく。

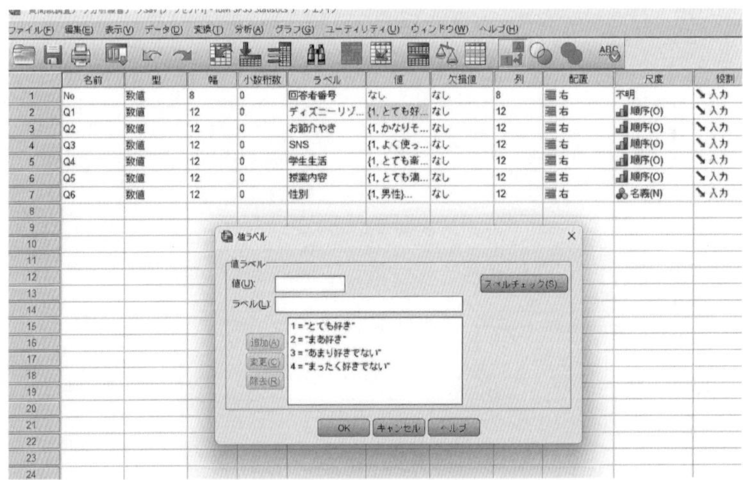

そしてデータビューに戻って，「表示」→「値ラベル」を選択すると，定義した通りにデータが数字ではなく，文字で表示されるようになって分かりやすくなる。

⑵データを分析する

データセットを準備できたら，次は，データを分析する段階に入る。それはSPSSメニューの「分析」で行う。以下では，具体例としてクロス集計表をつくってみたい。

以下のように「ディズニーリゾート」と「SNS」を選ぶ。

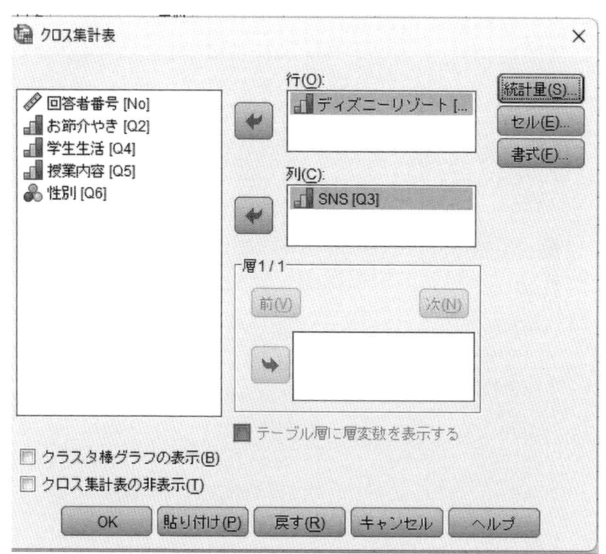

右上の「統計量」をクリックし「カイ２乗」にチェックマークを入れ「続行」,「セル」をクリックし「パーセンテージ」の「行」にチェックマークを入れ「続行」する。

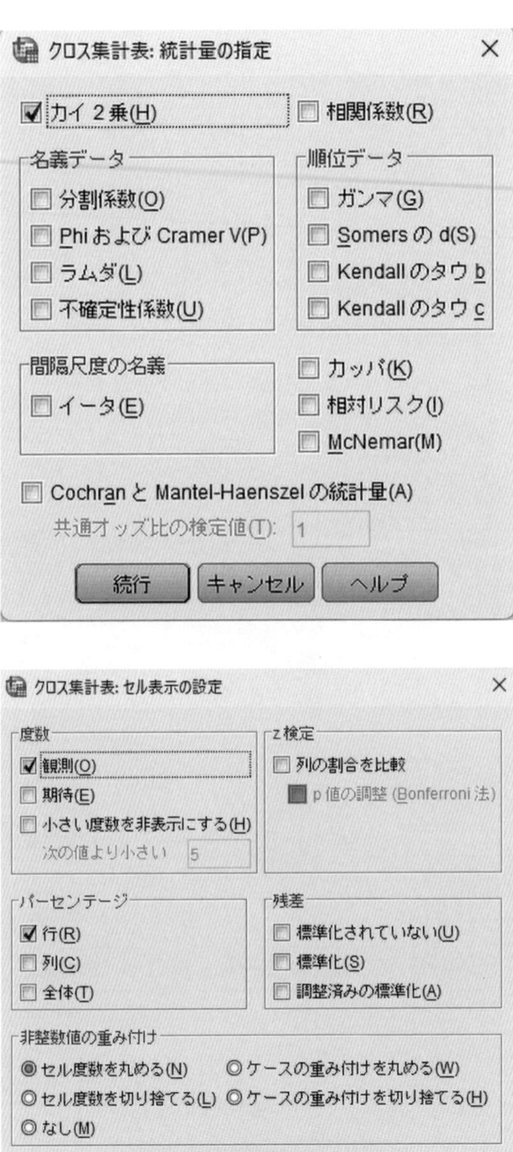
クロス集計表: 統計量の指定
カイ 2 乗(H)
相関係数(R)
名義データ
分割係数(O)
Phi および Cramer V(P)
ラムダ(L)
不確定性係数(U)
順位データ
ガンマ(G)
Somers の d(S)
Kendall のタウ b
Kendall のタウ c
間隔尺度の名義
イータ(E)
カッパ(K)
相対リスク(I)
McNemar(M)
Cochran と Mantel-Haenszel の統計量(A)
共通オッズ比の検定値(T): 1
続行
キャンセル
ヘルプ
クロス集計表: セル表示の設定
度数
観測(O)
期待(E)
小さい度数を非表示にする(H)
次の値より小さい 5
z 検定
列の割合を比較
p 値の調整 (Bonferroni 法)
パーセンテージ
行(R)
列(C)
全体(T)
残差
標準化されていない(U)
標準化(S)
調整済みの標準化(A)
非整数値の重み付け
セル度数を丸める(N)
ケースの重み付けを丸める(W)
セル度数を切り捨てる(L)
ケースの重み付けを切り捨てる(H)
なし(M)
続行
キャンセル
ヘルプ

そして「OK」を選択すれば，次のようなクロス集計表とカイ二乗検定が表示されるだろう。

➜ クロス集計表

[データセット1] C:¥Users¥hidek¥Google ドライブ¥2023年度講義ノート¥2023年度01春学期¥c3立命館大「地域観光学調査法」¥質問紙調査データ分析

処理したケースの要約

	ケース					
	有効数		欠損		合計	
	N	パーセント	N	パーセント	N	パーセント
ディズニーリゾート * SNS	111	97.4%	3	2.6%	114	100.0%

ディズニーリゾート と SNS のクロス表

			SNS				
			よく使っている	まあ使っている	あまり使っていない	まったく使っていない	合計
ディズニーリゾート	とても好き	度数	39	9	0	2	50
		ディズニーリゾート の %	78.0%	18.0%	0.0%	4.0%	100.0%
	まあ好き	度数	29	15	3	2	49
		ディズニーリゾート の %	59.2%	30.6%	6.1%	4.1%	100.0%
	あまり好きでない	度数	2	1	4	0	7
		ディズニーリゾート の %	28.6%	14.3%	57.1%	0.0%	100.0%
	まったく好きでない	度数	2	1	1	1	5
		ディズニーリゾート の %	40.0%	20.0%	20.0%	20.0%	100.0%
合計		度数	72	26	8	5	111
		ディズニーリゾート の %	64.9%	23.4%	7.2%	4.5%	100.0%

対称性による類似度

		値	近似有意確率
名義と名義	分割係数	.503	.000
有効なケースの数		111	

a. 帰無仮説を仮定しません。

b. 帰無仮説を仮定して漸近標準誤差を使用します。

（遠藤英樹）

2　ArcGIS マニュアル

⑴住所入力時の留意点

第13章では取り上げなかった「東山」「伏見（伏見稲荷大社以外）」の他にも，住所の入力が難しい場所がある。ここでは便宜的に以下のように設定した。

> **錦市場**　京都府京都市中京区西大文字町609番地（錦市場組合事務所）
> **新京極・寺町**　京都府京都市中京区桜之町438-1（新京極商店街組合事務所）
> **京都駅周辺**　京都府京都市下京区東塩小路釜殿町31-1
> **河原町・四条周辺**　京都府京都市下京区御旅宮本町51（代表点として四条河原町交差点付近を設定：みずほ銀行四条支店の住所）
> **嵐山・嵯峨野**　京都府京都市右京区嵯峨天龍寺車道町11-1（JR 嵯峨嵐山駅）
> **祇園**　京都府京都市東山区祇園町南側567-6（祇園商店街組合）

また，京都特有の住所表記として，通り名や寺社名が用いられることがあり，「CSV アドレスマッチング」サービスでは対応できないこともある。以下のように修正しよう。

> **大丸**　京都府京都市下京区立売西町79番地
> **高台寺**　京都府京都市東山区下河原町526番地
> **伊勢丹**　京都府京都市下京区東塩小路町901

⑵東大 CSIS「CSV アドレスマッチング」サービスの利用

住所を xy 座標に変換することをアドレスマッチングという。

住所：京都市東山区清水1丁目294　→　アドレスマッチング
→東経135.78，北緯34.99　→　ポイントデータ

複数の住所をアドレスマッチングする時，東京大学空間情報科学研究セン

CSVアドレスマッチングサービス
Geocoding service for CSV formatted file on WWW, powered by SPAT

パラメータ設定	
対象範囲?	京都府 街区レベル(経緯度・世界測地系)
住所を含むカラム番号?	2
入力ファイルの漢字コード?	自動設定
出力ファイルの漢字コード?	入力ファイルと同じ
マッチングオプション?	□x,yを反転 部分一致を 探す
変換したいファイル名	ファイルを選択 アドレス…ング用.csv
	送信 クリア

図補－1　アドレスマッチングの設定

出所：https://geocode.csis.u-tokyo.ac.jp/geocode-cgi/geocode.cgi?action=start（2023年12月11日閲覧）

ター（CSIS）による「CSV アドレスマッチングサービス」(https://geocode.csis.u-tokyo.ac.jp/home/csv-admatch/) がたいへん便利である。使ってみよう（図補－1）。

手順：上記の URL にアクセスし,「すぐにサービスを利用される方はこちらから」をクリックする。図補－1のように設定し,「変換したいファイル名」では，第13章第４節で入力したデータを「CSV（コンマ区切り）(*.csv)」形式で保存したファイルを選択する。そして,「送信」をクリックすると，すぐに結果が返ってくる。「名前を付けて保存」では,「観光地訪問率 _ アドレスマッチング済み .csv」のように分かりやすい名前を付けて保存する。

アドレスマッチング済みの CSV ファイルを開くと，最も右側へ図補－2のように新しい名称の行列が追加されている。以下は簡単な説明である。

LocName: マッチングされた住所　　fX：経度　　fY：緯度

iConf：地名の曖昧さを示しており，５以上でおおむね特定できている。

iLvl:「１」: 都道府県,「２」: 郡・支庁・振興局,「３」: 市町村・特別区（東

U	V	W	X	Y
LocName	fX	fY	iConf	iLvl
京都府/京都市/東山区/清水/一丁目/２９４番地	135.78	35.00	5	7
京都府/京都市/北区/金閣寺町/１番地	135.73	35.04	5	7
京都府/京都市/中京区/二条城町/５４１番地	135.75	35.01	5	7
京都府/京都市/下京区/東塩小路町/７２１番地	135.76	34.99	5	7
京都府/京都市/西京区/嵐山中尾下町/６１番地	135.67	35.01	5	7

図補－2　アドレスマッチングの結果の一部（筆者作成）

京23区),「４」:政令市の区,「５」:大字,「６」:丁目・小字,「７」:街区・地番,「８」:号・枝番,「０」:レベル不明

「６」以上でかなり正確な場所が特定できたといえる。

※アドレスマッチング時の留意点：「CSV アドレスマッチングサービス」を利用するとき，どうしても住所が特定できない場合がある。今回「iLVl ５」の場所でもほとんど修正が必要なかったが,「ギオンコーナー」だけは位置がずれてしまったので，以下のように,「fX と fY」を修正されたい。

ギオンコーナー　135.7755635　　35.00180221

⑶ ArcGIS でデータを表示する

XY データの表示　アドレスマッチングにより緯度・経度の情報を得ることができた。これを GIS 上（ArcMap）で表示していく。

準備：GIS を使用するにあたり，作業フォルダを PC の「デスクトップ」に作成しておこう。デスクトップで右クリック→「新規作成」→「フォルダ」を選択し，フォルダ名をつける（例：訪問地 GIS)。このフォルダの中に，作成した CSV ファイルをコピーして保存しておく。

① ArcMap を起動し，から「データの追加」を選択する。次に，←黒枠で囲った「フォルダの接続」ボタンを押し,「PC」→「デスクトップ」→「訪問地 GIS」を選択し，OK を押す。そして,「観光地訪問率 _ アドレスマッチング済み .csv」を選んで追加する。

② 追加したファイルを右クリックし,「XY データの表示」を選択する。

③ 図補－3のようになな画面が開くので設定する。

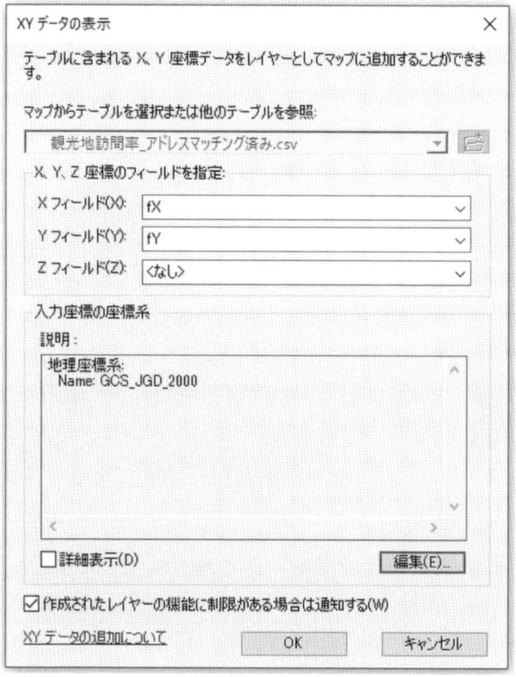

XY データの表示

テーブルに含まれる X, Y 座標データをレイヤーとしてマップに追加することができます。

マップからテーブルを選択または他のテーブルを参照:

観光地訪問率_アドレスマッチング済み.csv

X, Y, Z 座標のフィールドを指定:

X フィールド(X): fX

Y フィールド(Y): fY

Z フィールド(Z): <なし>

入力座標の座標系

説明:

地理座標系:
Name: GCS_JGD_2000

詳細表示(D)　編集(E)...

作成されたレイヤーの機能に制限がある場合は通知する(W)

XY データの追加について　OK　キャンセル

図補－3　出所：ESRI 社 ArcMap より筆者作成。

X フィールド：fX

Y フィールド：fY

Z フィールド：なし

④　入力座標の座標系:「編集」を押すと「空間参照プロパティ」が開くので,「地理座標系」の「＋」を押す。さらに,「アジア」の「+」ボタンを押し,「日本測地系2000（JGD2000)」を選択して OK を押す。

⑤　さらに OK を押すと,「テーブルにオブジェクト ID フィールドがありません」とメッセージが出るが, OK を押す。すると,「観光地訪問率_アドレスマッチング済み.csv イベント」がポイントデータとして表示される。

⑷投影座標系の設定

表示されたポイントデータは，不完全なGISデータで，まだ「仮」の姿である。データに投影座標系を与えて，GISデータである「シェープファイル」として保存し直す必要がある。

① マップレイヤー を右クリックし，「プロパティ」を選択すると「データフレームプロパティ」が開く。

② 「座標系」タブを選び，今度は「投影座標系」→「各国の座標系」→「日本」にある「平面直角座標系第6系（JGD2000）を選択して「適用」を押し，OKを選択する。

※ここでは詳しく述べないが，この座標系は京都市の範囲を分析する時に適した投影座標系のひとつである。

③ データのエクスポート 「観光地訪問率_アドレスマッチング済み.csv イベント」を右クリックし，「データ」→「データのエクスポート」を選ぶ。

④ 図補－4のように，「データフレームと同じ座標系」にチェックを入れる。

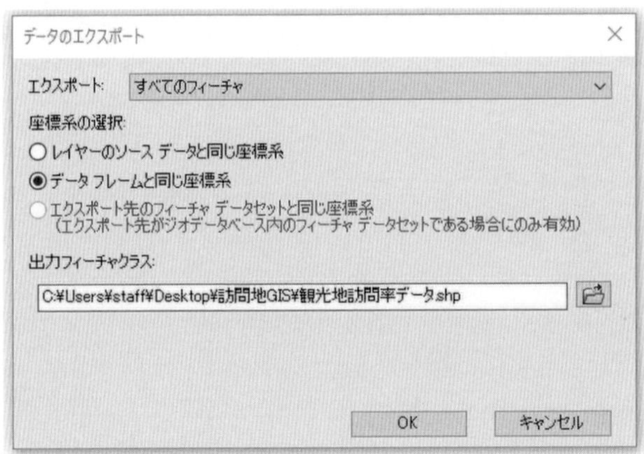

図補－4　出所：ESRI社ArcMapより筆者作成。

⑤ を押し，「データ保存」を開く。「場所」は，デスクトップの「訪問地GIS」フォルダを選ぶ。名前は「観光地訪問率データ.shp」，ファイルの種類は「シェープファイル」とする。保存を選択し，OKを押す（図補－5）。

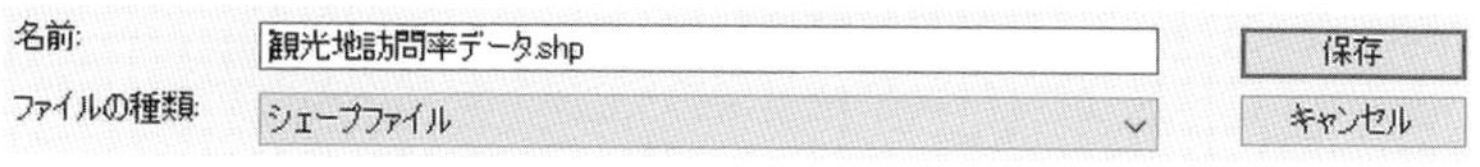

図補－5　出所：ESRI社 ArcMap より筆者作成。

⑥「マップにレイヤーとしてエクスポートデータを追加しますか？」には「はい」を押す。これで位置情報を持ったGISデータ（ポイントデータ）が生成され，表示された（図補－6）。次の3.の手順で，主題図を作成してみよう。
※「観光地訪問率データ」以外は，コンテンツから削除しよう。

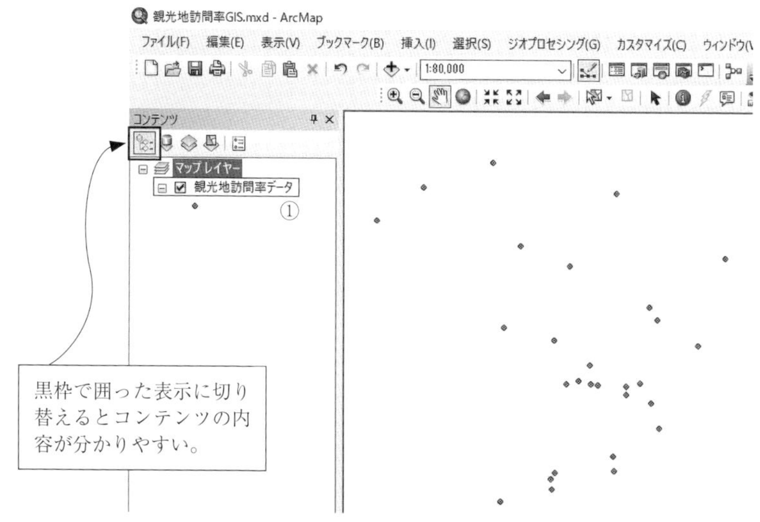

図補－6　出所：ESRI社 ArcMap より筆者作成。

⑸訪問率を等級シンボルで表示する

①「観光地訪問率データ」を右クリックし，「プロパティ」をクリックすると「レイヤープロパティ」が開くので，「シンボル」タブを選択する。手順②以降は，図補－7に沿って説明していく。

②「表示」では「数値分類」→「等級シンボル」を選択する。

③ フィールドの値は，「欧州13」を選択する。

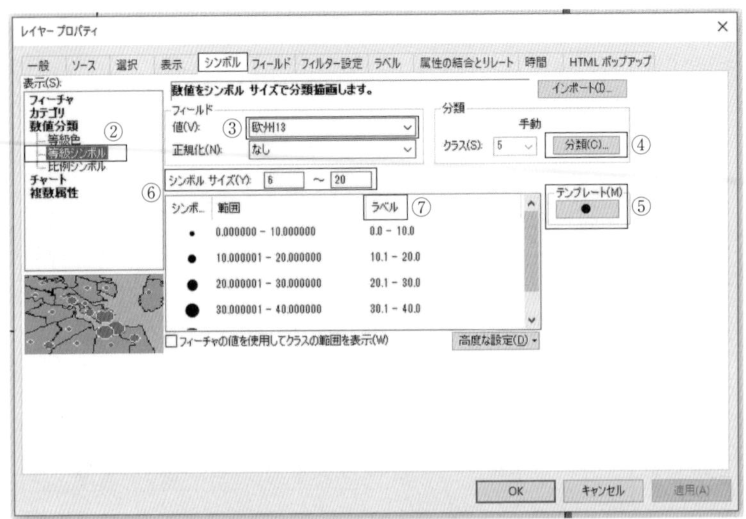

図補－7　出所：ESRI 社 ArcMap より筆者作成。

④　分類ボタンを押すと，図補－8のような画面が出る。

④－1　「除外」を押し，訪問率が「0」の値を表示されないようにする。「除外条件式」では，「欧州13」をダブルクリックする。「=」ボタンを押し，「個別値の取得」から，「0」をダブルクリックで選ぶ。「" 欧州13" ＝ 0」という式が入力されていたら，OK を押す。

④－2　閾値は，きりのよい数値を入れる。ここでは，上から10，20，30，40として，一番最後の値は変えない。設定が終わったら，「OK」を押すと①の画面に戻る。

⑤　「テンプレート」をクリックし，「シンボルの選択」で「円 1」を選ぶ。次に，「シンボルの編集」→「マスク」タブの「スタイル」→「ハロー」にチェックを入れる。「サイズ」を0.5にする。「OK」を2回押し，①の画面に戻る。この処理で，「円のかさなり」部分が見やすくなる。

⑥　「シンボルサイズ」はここでは，6～20に設定する。

⑦　「ラベル」→「ラベルのフォーマット」→「小数点以下表示桁数」にチェックを入れ，桁数を「1」にする。すると不自然に長い値がすっきりする。

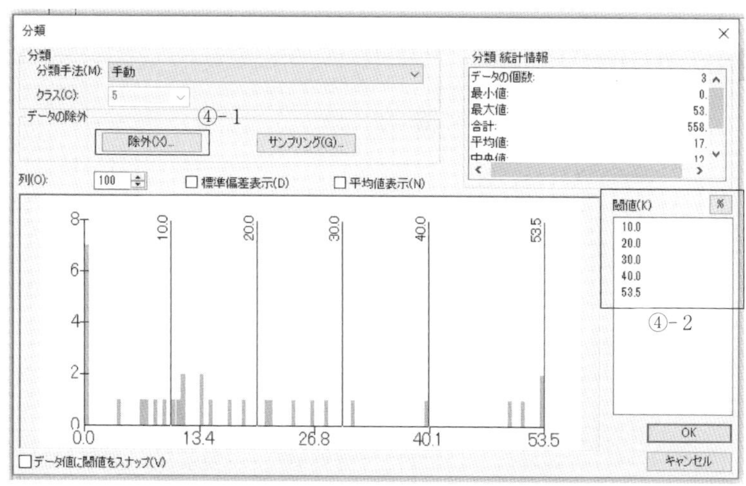

図補－8　出所：ESRI 社 ArcMap より筆者作成。

②～⑦が設定できたら，「OK」押す。図補－9のように，訪問率の値に応じて円の大きさが変わり，訪問率の差異がよく分かる。

この図では，背景図を挿入している。✚▾を押し，「ベースマップの追加」を選択する。開いた画面で「地形図」を選択すると，背景図が表示される。

◎「観光地訪問率データ」を右クリックし，「属性テーブル」をクリックすると図補－10のような画面が開く。以上の手順では2013年の訪問率を示す，「欧州13」を選び「円」の大きさで訪問率を表示した。たとえば「清水寺」の位置データは，「北米13」「中国13」などの属性情報を持っている。

このように，たんに点（ポイント）として位置を表示するだけでなく，複数のデータ紐づけることが可能なところにGISの強みがある。

紙面の都合上，主題図のレイアウトについては解説できないが，第13章158頁の図13-5のように，方位記号，縮尺記号，凡例を挿入し，各円の横に対象となった訪問先の名称を入れると分かりやすい地図となる。レイアウトのやり方は，第13章のブックレビューに挙げた書籍に説明があるので参照してもらうことにしたい。

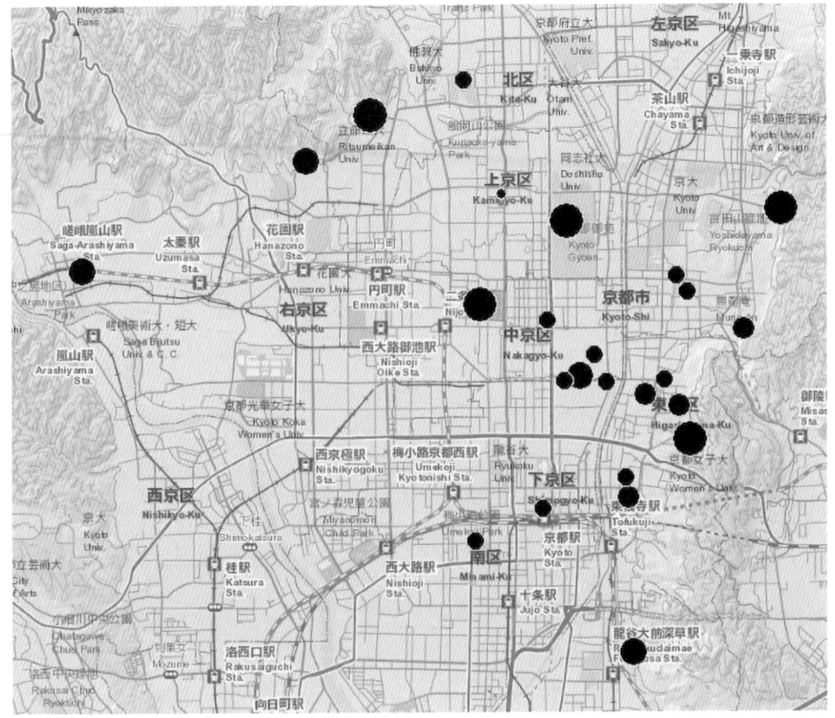

図補－9　出所：ESRI 社 ArcMap より筆者作成。

テーブル

観光地訪問率データ

FID	Shape *	訪問先	住所	全体13	北米13	濠13	欧州13	中国13	台湾13	韓国13	東南ア	全体19	北米19	濠13_1	欧州19
0	Point	清水寺	京都市東山区清水1丁目294	61	47.8	39.8	49.5	62.2	88.7	68.7	65.5	66.6	55	41.9	48.9
1	Point	金閣寺	京都府京都市北区金閣寺町1	54.5	44.7	52.8	53.5	66.2	62.9	35.1	50.7	46.8	43.8	40.3	56.5
2	Point	二条城	京都府京都市中京区二条城町	43.2	49.1	48	53.2	31.6	37.1	29.1	43	57.3	60.4	62.9	69.9
3	Point	京都御所	京都府京都市上京区京都御苑	32.3	51.6	50.4	51.2	10.9	12.5	17.9	33.8	22.7	29.6	32.3	39.3
4	Point	銀閣寺	京都府京都市左京区銀閣寺町	30.4	26.7	26.8	40	14.2	34.7	29.1	36.6	21.9	20.7	27.4	35.5

図補－10　出所：ESRI 社 ArcMap より筆者作成。

（前田一馬）

3　KH Coder マニュアル

KH Coder の操作も SPSS と同様に,「データを準備する」段階と「データを分析する」段階に分けることができる。

⑴データを準備する

①データを KH Coder に読み込む

データを読み込む時には,「プロジェクト」メニューで行う。「プロジェクト」→「新規」をクリックして, 分析対象ファイルを選択する。

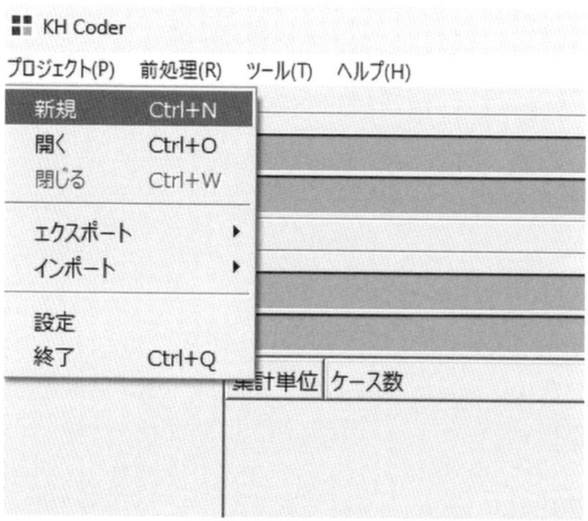

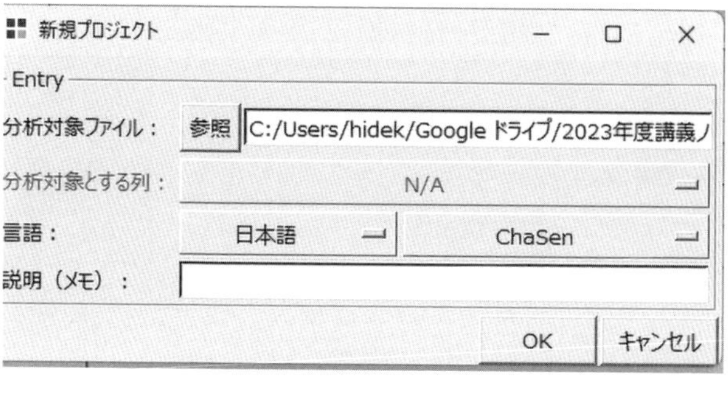

②「前処理の実行」を行う

初めて読み込んだデータは，KH Coder が扱うデータであるように，必ず「前処理の実行」を行う必要がある。

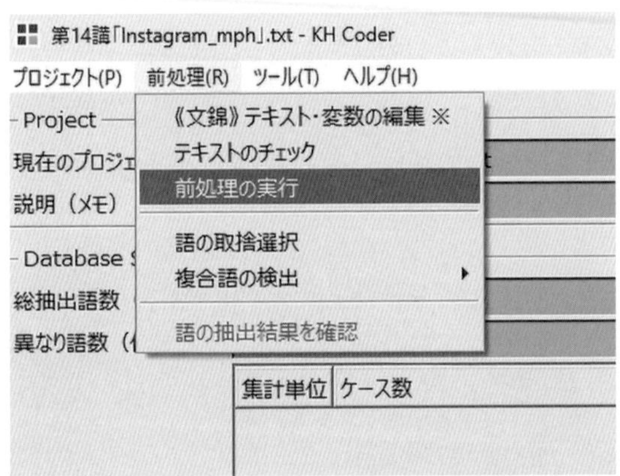

⑵データを分析する

①抽出語リスト

「前処理の実行」を行い，データを読み込む作業が完了して初めて，データを分析できるようになる。データ分析では，メニューの「ツール」をよく用いることになるだろう。メニューの「ツール」→「抽出語」→「抽出語リスト」を選択してみよう。

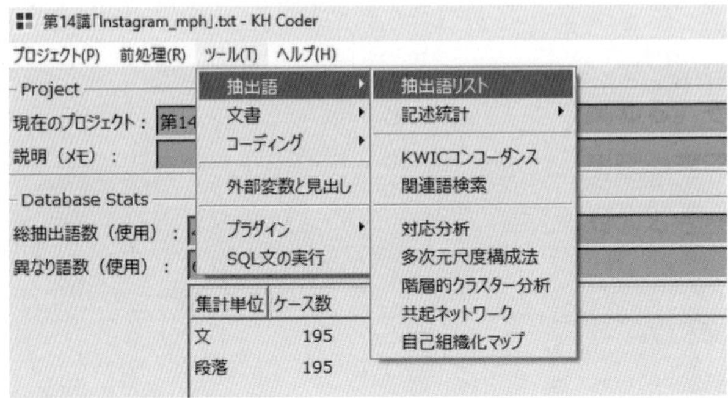

そうすると，以下のように，どのような単語がデータ中で何回出てきているのかが一目瞭然となる。

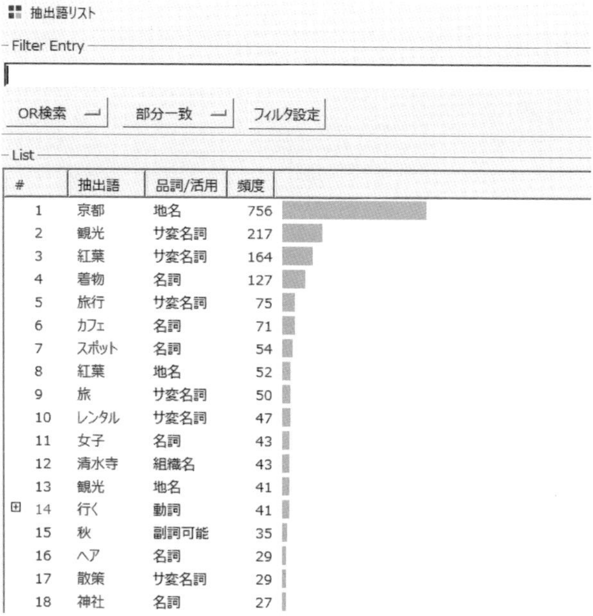

抽出語リスト

Filter Entry

OR検索　部分一致　フィルタ設定

List

#	抽出語	品詞/活用	頻度
1	京都	地名	756
2	観光	サ変名詞	217
3	紅葉	サ変名詞	164
4	着物	名詞	127
5	旅行	サ変名詞	75
6	カフェ	名詞	71
7	スポット	名詞	54
8	紅葉	地名	52
9	旅	サ変名詞	50
10	レンタル	サ変名詞	47
11	女子	名詞	43
12	清水寺	組織名	43
13	観光	地名	41
⊞ 14	行く	動詞	41
15	秋	副詞可能	35
16	ヘア	名詞	29
17	散策	サ変名詞	29
18	神社	名詞	27

②共起ネットワーク図を作成する

では共起ネットワーク図を作成してみよう。共起ネットワークとは，単語どうしが共通して出現する関係（共起関係）を円と線で表示したものである（第15章とコラム15を参照）。円の大きさは出現回数を，同じ色の円は距離が近い抽出語同士であることを表しており，そして線が濃いほど強い共起関係にあることを示している。「ツール」→「抽出語」→「共起ネットワーク」で作成できる。

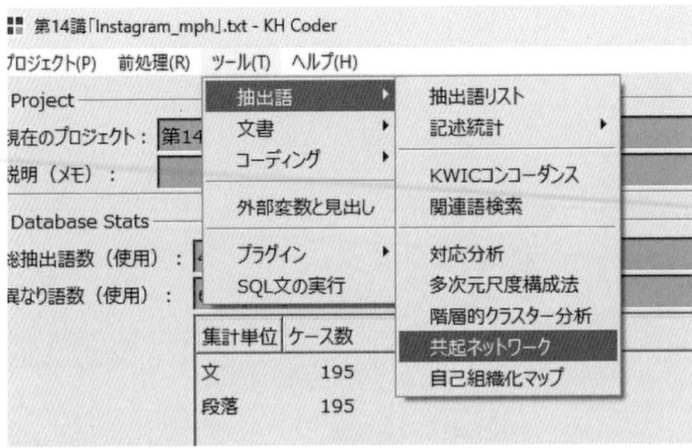
第14講「Instagram_mph」.txt - KH Coder
ロジェクト(P)
前処理(R)
ツール(T)
ヘルプ(H)
Project
現在のプロジェクト：
説明（メモ）：
Database Stats
総抽出語数（使用）：
異なり語数（使用）：
抽出語
文書
コーディング
外部変数と見出し
プラグイン
SQL文の実行
抽出語リスト
記述統計
KWICコンコーダンス
関連語検索
対応分析
多次元尺度構成法
階層的クラスター分析
共起ネットワーク
自己組織化マップ
集計単位
ケース数
文 195
段落 195

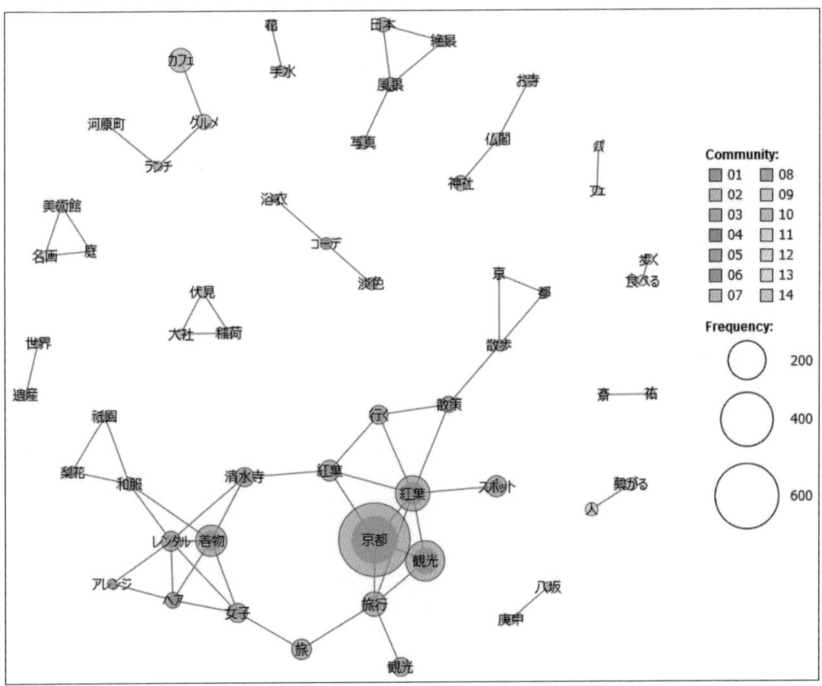
花
手水
日本
絶景
風景
写真
お寺
仏閣
神社
カフェ
グルメ
河原町
ランチ
美術館
名画
庭
浴衣
コーデ
淡色
伏見
大社
稲荷
世界
遺産
京
都
散歩
歩く
食べる
行く
散策
祇園
和服
清水寺
紅葉
紅葉
スポット
京都
観光
レンタル
着物
アレンジ
ヘア
女子
旅行
旅
観光
人
繋がる
八坂
庚申
Community:
01
02
03
04
05
06
07
08
09
10
11
12
13
14
Frequency:
200
400
600

③クラスター分析を行う

さらにクラスター分析も行ってみよう。クラスター分析とは，似ているデータ同士をグルーピングする統計的な分析手法を言う（第12章・第15章を参照）。メニューの「ツール」→「抽出語」→「階層的クラスター分析」で作成できる。

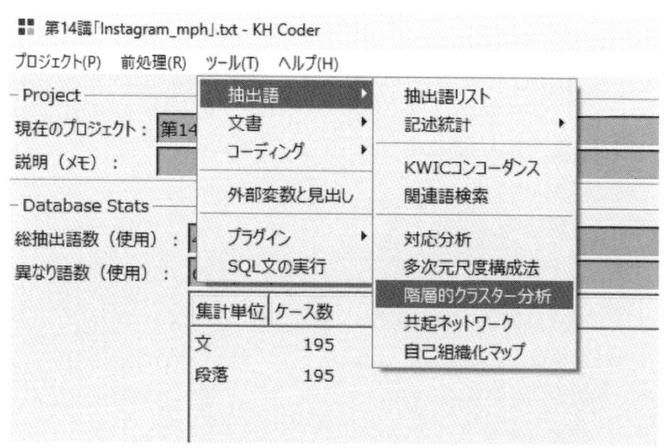

そうして出来たのが次頁の図である。この図は，左側で結ばれている単語であるほど，一緒に用いられている似たもの同士であるということを表している。

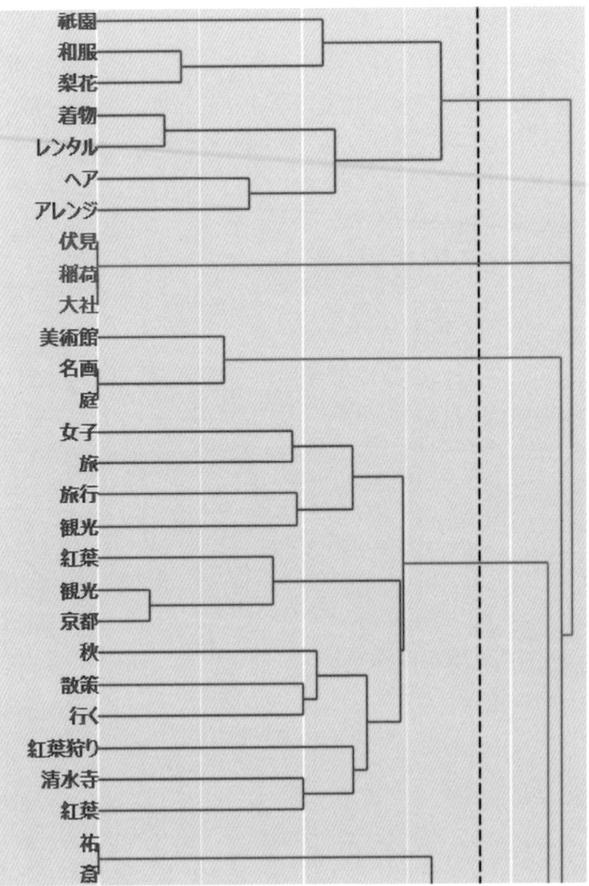

祇園
和服
梨花
着物
レンタル
ヘア
アレンジ
伏見
稲荷
大社
美術館
名画
庭
女子
旅
旅行
観光
紅葉
観光
京都
秋
散策
行く
紅葉狩り
清水寺
紅葉
祐
斎

（遠藤英樹）

あとがき――観光研究がつくられる製造過程

私が観光研究を始めた頃のことを，いまでもよく覚えています。まずは先行研究を読まなければと，大型書店に行きました。しかし，観光学の専門書がすぐに見つからず，書店員さんに尋ねました。すると書店員さんは困った顔をして，私を書棚の隅に連れていきました。

他の書棚には哲学や経済学など他領域の専門書が所狭しとたくさん置かれていたのに，そこには，観光の専門書が，数冊ポツンとあっただけ。もちろん，実際に書店にあったものがすべてではありません。それでも，その扱いの差に愕然としたことがあります。

それからすると観光研究の専門書は現在，本当に多くなったと感じます。観光社会学，観光地理学，観光人類学，観光民俗学，観光史，観光心理学，観光メディア論はもちろんのこと，観光マーケティング論，観光経済学，さらには都市工学や農学分野から行われている観光研究の業績まで，まさに多種多様な観光研究の書籍や論文が見られるようになりました。

それにしたがって，観光研究の成果を分かりやすく伝えようとした，観光研究のテキストもたくさん刊行されるようになっています。これらの中には，良書も多く見られます。

ただ一つ，どういうわけか，観光研究のリサーチメソッドのテキストがないのが不思議でした。観光研究が成果となって現れた業績は次第に豊富化しているのに，その当の観光研究がどのようにして生み出されているのかを分かりやすく伝えるテキストがない。「完成品」の観光研究は充実しているのに，その観光研究がつくられる「製造過程」がブラックボックス化している。そう感じたのです。

そのために，観光研究の新たな世代を担う学部生（あるいは短大生），大学院生たちは，それぞれ自分たちでそのつど工夫しながら，観光現象を調査せざるを得なくなっているように思います。そうした中で調査を行うことで，時に適切でない方法をとっていても，そのことに気づかないでいるのです。卒業論文や修士論文を指導する中で，私はそのことをひしひしと感じるようになりました。

そして次第に，ツーリズム・リサーチメソッドの入門書の必要性を痛感するに至ったのです。そのことを法律文化社編集部の田引勝二氏に申し上げたところ，「それなら，ぜひ，つくりましょう！」とご快諾くださいました。

出版事情がたいへん厳しくなっているにもかかわらず，出版に至るまで法律文化社の方々にはたいへんお世話になりました。特に編集者の田引氏には，なかなか出来上がらない原稿を忍耐強くお待ちいただきました。にもかかわらず，いつも温かなお言葉をかけてくださり，深く感謝申し上げます。

読者の皆さんにはツーリズム・リサーチメソッドという製造過程をふまえ，新たな観光研究の業績を自身の手でどんどんとつくりだし，観光研究のあざやかな未来を描き出していただきたい。そんな願いをこめて，本書をお届けします。

2023年10月6日　深まる秋夜にきらめく星をみながら

遠藤英樹

人名索引

事項索引

な・は　行

ま　行

や・ら　行

欧　文

執筆者紹介（執筆順，＊は編者）

＊遠藤英樹（えんどう・ひでき）　**はしがき，序章，第３章，第５章，第７～12章，第14章，第15章，補章１，補章３，あとがき**

関西学院大学大学院社会学研究科博士課程後期課程単位取得退学。博士（観光学）：立教大学。

現在　立命館大学文学部地域研究学域教授。

専門　観光社会学，現代文化論，社会学理論など。

著作　『ツーリズム・モビリティーズ――観光と移動の社会理論』ミネルヴァ書房，2017年。

Understanding Tourism Mobilities in Japan, edited, Routledge, 2020.

『ポップカルチャーで学ぶ社会学入門――「当たり前」を問い直すための視座』ミネルヴァ書房，2021年。

山本理佳（やまもと・りか）　**第１章**

お茶の水女子大学大学院人間文化研究科博士後期課程単位取得退学。博士（社会科学）：お茶の水女子大学。

現在　立命館大学文学部地域研究学域教授。

専門　文化地理学，文化遺産研究など。

著作　『「近代化遺産」にみる国家と地域の関係性』古今書院，2013年。

『現代観光地理学への誘い――観光地を読み解く視座と実践』共編著，ナカニシヤ出版，2021年。

渡部瑞希（わたなべ・みずき）　**第２章**

一橋大学大学院社会学研究科博士後期課程満期退学。博士（社会学）：一橋大学。

現在　帝京大学外国語学部講師。

専門　文化人類学，観光人類学，民俗学。

著作　『友情と詐欺の人類学――ネパールの観光市場タメルの宝飾商人の民族誌』晃洋書房，2018年。

『基礎概念から学ぶ観光人類学』共著，ナカニシヤ出版，2022年。

小野真由美（おの・まゆみ）　**第４章**

東京大学大学院総合文化研究科博士課程修了。博士（学術）：東京大学。

現在　立命館大学文学部地域研究学域准教授。

専門　文化人類学，観光人類学，東南アジア地域研究，移住・移民研究など。

著作　『国際退職移住とロングステイツーリズム――マレーシアで暮らす日本人高齢者の民族誌』明石書店，2019年。

"Descending from Japan: Lifestyle mobility of Japanese male youth to Thailand," *Asian Anthropology* 14(3), 2015.

"Commoditization of Lifestyle Migration: Japanese Retirees in Malaysia," *Mobilities* 10(4), 2015.

神田孝治（かんだ・こうじ）　**第6章**

大阪市立大学大学院文学研究科後期博士課程単位取得退学。博士（文学）：大阪市立大学。

現在　立命館大学文学部地域研究学域教授。

専門　文化地理学，観光地理学，観光学。

著作　『観光空間の生産と地理的想像力』ナカニシヤ出版，2012年。

『現代観光地理学への誘い――観光地を読み解く視座と実践』共編著，ナカニシヤ出版，2021年。

『移動時代のツーリズム――動きゆく観光学』共編著，ナカニシヤ出版，2023年。

前田一馬（まえだ・かずま）　**第13章，補章2**

立命館大学大学院文学研究科博士課程後期課程修了。博士（文学）：立命館大学。

現在　京都橘大学経済学部専任講師。

専門　歴史地理学，人文地理学。

著作　「大正・昭和戦前期の軽井沢における「千ヶ瀧遊園地」の開発と別荘所有者の特徴」『歴史地理学』第62巻3号，2020年。

「高低差から読むコザの空間形成―― GIS による地形復原から」『KOZABUNKA BOX』第17号，2021年。

「明治前期の陸軍による脚気転地療養地の選定過程」『地理学評論』第94巻5号，2021年。

谷崎友紀（たにざき・ゆき）　**第16章**

立命館大学大学院文学研究科博士課程後期課程修了。博士（文学）：立命館大学。

現在　京都文教大学総合社会学部実践社会学科専任講師。

専門　歴史地理学，人文地理学。

著作　「旅人の属性にみる名所見物の特徴――武蔵国から京都への旅日記を事例として」『人文地理』第69巻2号，2017年。

「近世初期の歌枕を中心とした京都見物――石出常軒『所歴日記』を事例として」『歴史地理学』第60巻3号，2018年。

ツーリズム・リサーチメソッド入門
——「観光」を考えるための道案内

2024年4月10日　初版第1刷発行

編著者　遠藤英樹（えんどうひでき）

発行者　畑　　光

発行所　株式会社　法律文化社

〒603-8053
京都市北区上賀茂岩ヶ垣内町71
電話075(791)7131　FAX 075(721)8400
https://www.hou-bun.com/

印刷／製本：西濃印刷㈱
装幀：白沢　正

ISBN 978-4-589-04312-2